ヘンテコ城めぐり

れきしクン
長谷川ヨシテル

柏書房

まえがき

数多くあるお城の本から、拙著を手に取っていただきありがとうございます！

〝れきしクン〟こと、長谷川ヨシテルです。

私ごとではありますが、二〇一七年（平成二十九）に出版した『ポンコツ武将列伝』と、その翌年に出版した『ヘッポコ征夷大将軍』がご好評をいただき（?）、この度、自分にとって初めてのお城に関する書籍を出版することになりました。

二十歳から本格的に歴史にハマった遅咲きの私は、歴史を学ぶ一環としてお城めぐりもスタートいたしました。

「そんなにあるのかい！」

はじめに驚いたことは全国には四～六万の城跡があるといわれていることです。

仮にですが、自分が八十歳まで生きるとして、生まれてから毎日一ヶ所のお城を訪れたとしても、二万九千二百ヶ所しか訪れることができないのです。

「これは一生の趣味になるじゃないか！」

そう思って城めぐりをライフワークにして、現在、訪れたお城の数は三百以上となりましたが、城跡の数に比べると、まだまだですね（笑）。

ちなみに毎年、年越しは地元の忍城《おし》（埼玉県行田市）で、初日の出は石垣山城《いしがきやま》（189ページに登場！）で見ることにしています。

さて、そんなただのお城好きである私が、お城の本を出すのは非常に恐縮ではありますが、お城業界の盛り上がりに少しでも貢献できればと思って執筆いたしました。

本著では、全国の中でもちょっと変わったエピソードや構造、歴史を持つヘンテコなお城たちを独断と偏見でピックアップさせていただきました。

手前味噌ではありますが、すでにお城めぐりが趣味の方も、これからお城めぐりをしてみようかなという方も、楽しんでいただける一冊になったかなと思います！

お城の紹介以外にも、お城めぐりに行く前におさえておきたい「城めぐり基礎用語集」もサクッとまとめましたので、ぜひご参照ください。

それでは、ヘンテコなお城めぐりをお楽しみくださいませ！

目次

第一章 ヘンテコエピソードで城めぐり！

第二章 エンジョイ！お城は〃テーマパーク〃だ

第四章 気分はお殿様？ 戦国へ〝タイムスリップ〟！

第五章 知られざる〝お城のブラザーズ〟

第六章

"アレ"も お城？ "コレ"も お城？

第七章

〝現存天守〟のここがヘンテコ！

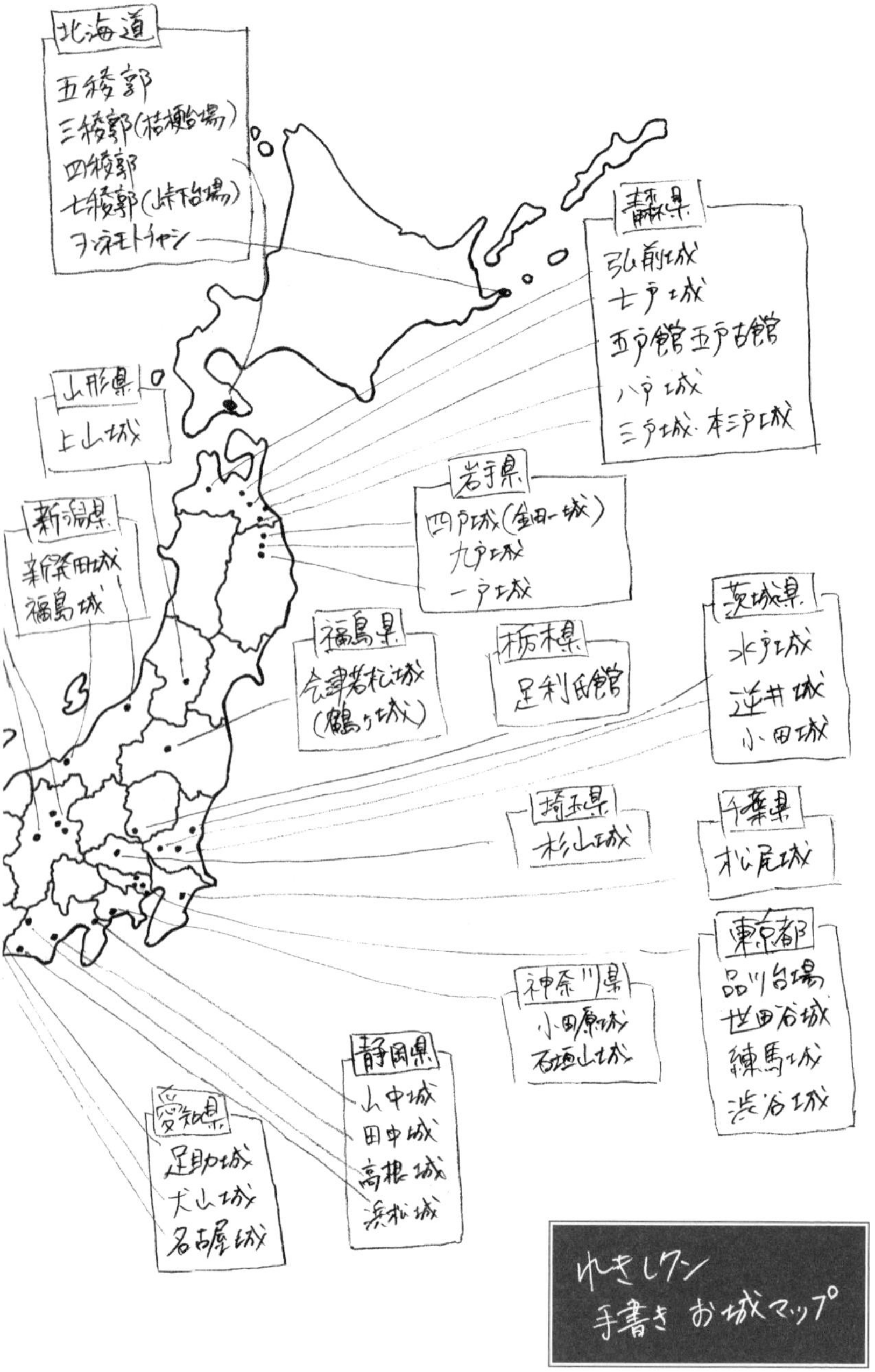
北海道
五稜郭
三稜郭(桔梗台場)
四稜郭
七稜郭(峠下台場)
ヲンネモトチャシ
青森県
弘前城
七戸城
五戸館 五戸古館
八戸城
三戸城・本三戸城
山形県
上山城
新潟県
新発田城
福島城
岩手県
四戸城(金田一城)
九戸城
一戸城
福島県
会津若松城
(鶴ヶ城)
栃木県
足利氏館
茨城県
水戸城
逆井城
小田城
埼玉県
杉山城
千葉県
松尾城
東京都
品川台場
世田谷城
練馬城
渋谷城
神奈川県
小田原城
石垣山城
静岡県
山中城
田中城
高根城
浜松城
愛知県
足助城
犬山城
名古屋城
れきしクン
手書き お城マップ

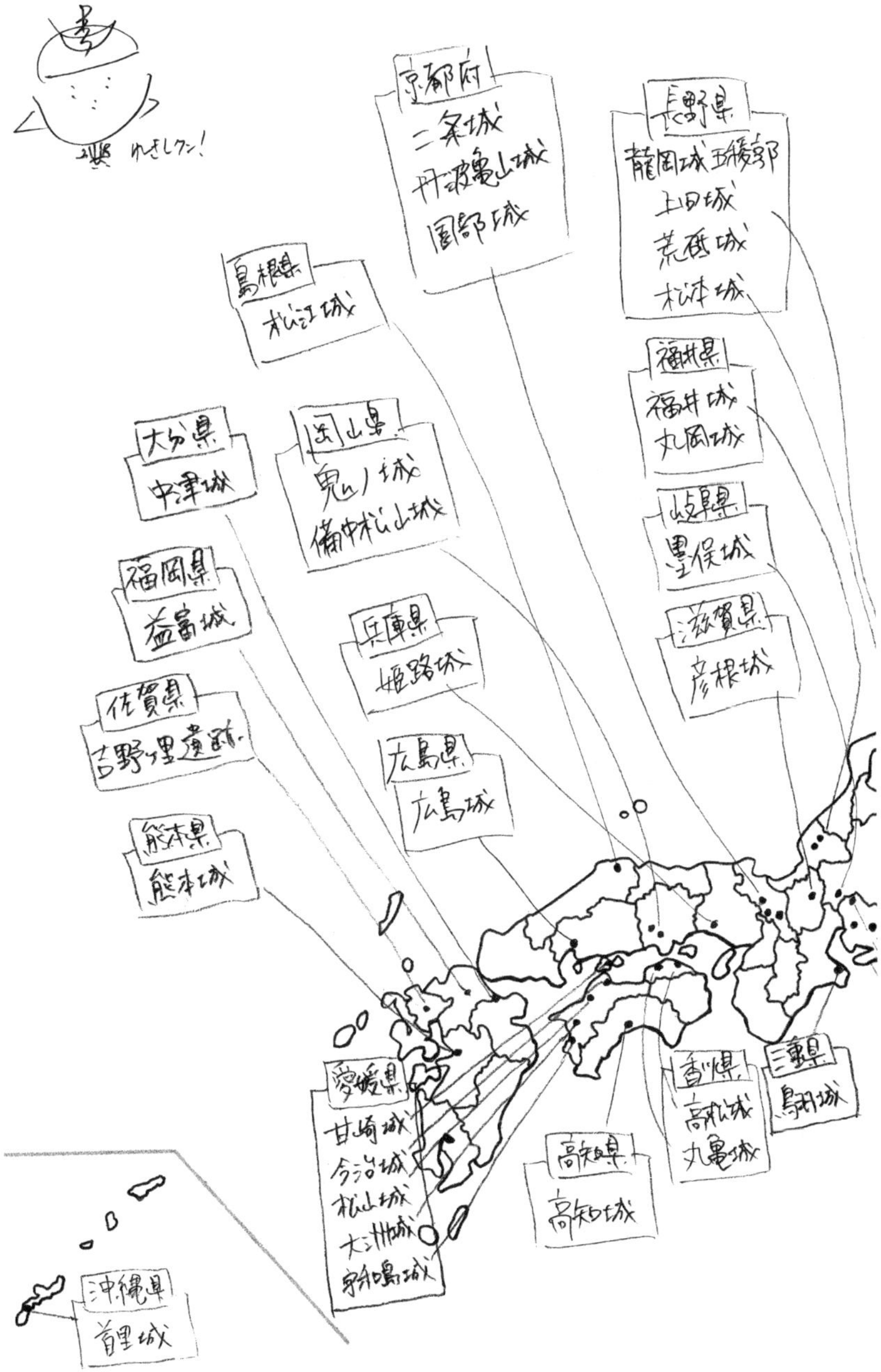
れきしクン!
京都府
二条城
丹波亀山城
園部城
長野県
龍岡城五稜郭
上田城
荒砥城
松本城
島根県
松江城
福井県
福井城
丸岡城
大分県
中津城
岡山県
鬼ノ城
備中松山城
岐阜県
墨俣城
福岡県
益富城
兵庫県
姫路城
滋賀県
彦根城
佐賀県
吉野ヶ里遺跡
広島県
広島城
熊本県
熊本城
愛媛県
甘崎城
今治城
松山城
大洲城
宇和島城
香川県
高松城
丸亀城
三重県
鳥羽城
高知県
高知城
沖縄県
首里城

本書に記載された情報は二〇一九年十二月現在のものです。
アクセス情報は基本的には電車利用を前提に、目安の情報を記載してあります。
掲載画像は特に表記のあるもの以外は、すべて著者が撮影したものです。

第一章

ヘンテコエピソードで城めぐり！

全国には、ちょっと変わった歴史や
逸話を持つお城がたくさんあります。
『桃太郎』の鬼が住んでいたという城、
何度も攻められ落城をし続けた城、
『スーパーマリオ』を生み出した城、
ダイナマイトで爆破された城などなど……。
いざ、ヘンテコなエピソードを持つお城めぐりの旅へ！

鬼ノ城
〈きのじょう〉

○創建：七世紀後半？
○現存：
○再建：西門、角楼
○選定：日本100名城
○所在地：岡山県総社市黒尾
○アクセス：JR伯備線総社駅から車で20分

パラメーター	
防御力	3
映えレベル	4
知名度	2
アクセス	1
連れて行く動物の数	3

城主を務めたのは『桃太郎』の〝鬼〟!?

展望台から見た西門・版築土塁（復元）。初めて見た時は「おー、すげー！」と思わず感動！

◆築城のきっかけは「白村江の戦い」

JR岡山駅から約十五キロ北西の鬼城山《きじょうさん》（標高三百九十七メートル）の山頂には、史料には一切登場しない謎《なぞ》の古代山城《こだいさんじょう》が築かれています。古代山城の別名として、『日本書紀』などの文献史料に登場するお城を「朝鮮式山城《やまじろ》」、登場しないお城を「神籠石式《こうごいししき》山城」と呼ぶこともありますが、二つに縄張りや構造など大きな違いはありません。

鬼ノ城の築城時期などは不明ですが、発掘調査によると七世紀後半に築かれたと考えられています。

この頃、日本は大きく揺れていました。日本の同盟相手だった朝鮮半島の百済《くだら》が、同じく朝鮮半島の新羅《しらぎ》と中国の王朝の唐《とう》に追い詰められたため、日本は百済に援軍を派遣《はけん》します。そして、六六三年（天智天皇《てんじ》二）に「白村江《はくそんこう》の戦い」が起こると、日本と百済は大惨敗を喫《きっ》しました。

この敗戦を受けて、天智天皇は唐と新羅の侵攻に備え、海防のために西日本にお城を築きました。その一つとされるのが鬼ノ城です！

他にも、大野《おおの》城（福岡県太宰府《だざいふ》市）、水城《みずき》（福岡県太宰府市・大野城《おおのじょう》市・春日《かすが》市）、基肄《きい》城（福岡県筑紫野《ちくしの》市）、金田《かねだ》城（長崎県対馬《つしま》市）、屋嶋《やしま》城（香川県高松市）などがあります。こうした古代山城には早くも石垣が用いられ、大規模な櫓門《やぐらもん》などが設けられた大城郭ですが、これらは、「白村江の戦い」敗戦後に滅亡した百済から亡命した知識人の協力によるものだといわれています。

◆「鬼」の正体とは一体？

鬼ノ城は、山頂一帯に築かれ、面積は約三十万㎡（東京ドームおよそ六個分）もあります。高さ六メートルにもなる城壁は、版築《はんちく》（板などで外側を囲んで土を入れて固めた方法）で造られた土塁（要所要所に石垣）がハチマキ状にグルっと約二・八キロもめぐらされ、出入り口となる四つの城門（西門が復元されている）と、谷の部分には排水のために六つの水門が設けられ、西北には角楼《かくろう》（城壁から張り出した櫓台のような施設）が築かれました。

また、城内からは建物や倉庫・水場・のろし台・鍛冶《かじ》工房などの跡地が発見されています。

そんな鬼ノ城には、実は昔話の『桃太郎』の鬼が住んでいたといわれる伝説が残されています。『桃太郎』の鬼のモデルとされるのは「温羅《うら》」という伝承上の鬼神（百済の王子とも）で、古代の吉備国《きびのくに》（後の備前《びぜん》・備中《びっちゅう》・備後《びんご》・美作《みまさか》＝岡山県・広島県東部）の支配者だったといいます。温羅はかなりの乱暴者で、目は爛々《らんらん》と輝いて髪は燃えるように赤い大男で、妖術を使って口から火を吹き、西国から都へ送る物資を強奪したり、婦女子を略奪したりしていました。そのため人々は、温羅がいたお城を〝鬼の城〟と呼んで恐れたといいます。

これを聞いた朝廷が西道（山陽道）を平定するために吉備津彦 命《きびつひこのみこと》（紀元前三世紀頃の皇子。桃太郎のモデルとされる）を派遣すると、見事に温羅を討ち取り、『桃太郎』の話の元ネタとなったといわれています。

〝THE悪役〟として伝えられる温羅ですが、一方で大陸から製鉄などの技術を伝えたという言い伝えも残されています。後に備前《びぜん》（岡山県）からは優秀な刀工を輩出し、織田信長《おだのぶなが》や徳川家康《とくがわいえやす》が所持した国宝の「大般若長光《だいはんにゃながみつ》」や、上杉謙信《うえすぎけんしん》の愛刀の「山鳥毛《さんちょうもう》（無銘一文字）」など多くの名刀を生み出しています。あくまで伝承ではありますが、温羅は名刀の誕生に大きく貢献したのかもしれません！

温羅のお城がどこだったかは特定できていないのですが〝鬼ノ城〟という城名を持つことから、こここそが温羅のいたお城だと言い伝えられてきています。

しかし、鬼ノ城の〝鬼〟は、百済の古い言葉で「城」を意味する〝キ〟に由来するもので、後に「鬼」という字が当てられたともいいます。〝どうやらお城らしい〟ということで「キのシロ」と呼ばれてきた鬼ノ城ですが、これは現代でいう「チゲ鍋」や「サハラ砂漠」のように〝同じ意味の外国語＋日本語〟で構成された言葉（キのシロ＝城の城）ということになりますね。

鬼ノ城の見どころ！

角楼から見た西門と総社平野。鬼ノ城に瀬戸内海を見張る目的もあったのが体感できる。天気が良ければ四国も見える！

城壁の下に敷かれた敷石(復元)。雨水によって城壁が壊れるのを防ぐ目的があったらしい

版築土塁や石垣で造られた城壁。高さ6メートル・全長2.8キロという壮大さ！

鬼ノ城ビジターセンターに置かれている鬼ノ城のジオラマ。鬼城山の山頂一帯に城壁がめぐらされ、四つの城門と六つの水門が設置されていることが一目瞭然！

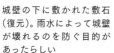

小田城

〈おだじょう〉

○創建：一一八五年（文治元）
○現存：
○再建：東橋、東池
○選定：
○所在地：茨城県つくば市小田
○アクセス：つくばエクスプレスつくば駅からバス小田東部または小田中部から徒歩5分。JR常磐線土浦駅からバス小田下車徒歩10分

パラメーター	
防御力	2
映えレベル	2
知名度	2
アクセス	1
氏治カワイイ度	10

城主が最弱武将なら城も最弱？

本丸に復元された小田氏時代の庭園「東池」。借景には古くから「西の富士・東の筑波」と称された名山・筑波山

◆落城九回を誇る常陸の〝迷〟城

小田城の城主には、一部の戦国時代マニアの中で絶大な人気を誇る小田氏治《うじはる》さんがいます。

私も大大大好きな戦国大名で、武将たちのダメなエピソードをまとめた拙著『ポンコツ武将列伝』は、氏治のことが書きたくて企画を考え、書籍でも冒頭に取り上げさせていただきました。法号を「天庵《てんあん》」という、この小田氏治がなぜ人気があるかと、とにかく〝弱かった〟からです！

合戦には幾度も負け、居城である小田城を何度も落とされ続けているのです。落城の回数は、後世に描かれた軍記物を含めた様々な史料を総合すると、なんと九回！　そんなお城、日本のどこを探しても他にありません。ゆえに、好奇心がた

まらなくそそられます。

小田城は、一九八七年（昭和六十二）まで筑波鉄道が本丸を横切る形で突っ切っていたものの、二〇〇九年（平成二十一）から本格的な発掘調査が始まるとともに、整備事業も進められ、二〇一六年（平成二十八）に小田城跡歴史ひろばとしてオープンしました。

その歴史は古く、鎌倉幕府の創立に貢献した八田知家《はったともいえ》（小田家の祖）が常陸《ひたち》（茨城県）の守護《しゅご》に指名され、鎌倉時代初期に小田城を築いたといいます。その後、小田家代々の居城となり、最後の当主である十五代の氏治まで使用されました。

◆忘年会のすきを突かれて落城！

一五六九年（永禄十二）のこと。

同じ常陸国で勢力を伸ばす宿敵中の宿敵の佐竹氏が小田城に迫りました。家臣は、「敵兵は少人数で怪しいです。きっと挟み撃ちをするつもりだと思うので、引き上げましょう！」と進言したのですが、小田氏治はこれを却下して出撃！　しかし、家臣の言う通りに挟み撃ちに遭って大敗……。氏治は、約五キロ東南の藤沢城（茨城県土浦市）に逃れました。この「手這坂《てばいさか》の戦い」で活躍した佐竹家の武将に太田資正《おおたすけまさ》（江戸城を築いた太田道灌《どうかん》の曾孫《そうそん》。出家後の名は三楽斎）がいたのですが、小田城はこの資正の息子・梶原政景《かじわらまさかげ》（古河公方《こがくぼう》の奉公衆・梶原家を継いだといわれる）が預かることになったといいます。

一次的な史料によると、これ以降、小田氏治は小田城を奪還できなかったとされていますが、軍記物では、一五七一年（元亀二）に小田家重臣の菅谷政貞《すげのやまささだ》の策略によって小田城を奪還、氏治は喜んで入城したそうです。

小田氏治は我が家に久々に帰還ということで、この年の大晦日《おおみそか》から元旦にかけて、小田家恒例のオールナイト連歌《れんが》会を開催することとしました。そして、一五七二年（元亀三）の元旦の夜明けを迎えるまでに、小田氏治や家臣たちはみんな酔い潰《つぶ》れてしまいます。

この恒例の連歌会は、周囲の大名たちにも知られていたようで、宿敵・佐竹家の太田資正はこれを狙って小田城を奇襲！　ベロベロの小田氏治と家臣たちは、大した戦いもできずに命からがら敗走し、小田城は易々《やすやす》と落城したといいます。

何度も落とされているのだから、酔い潰れちゃダメですよね（笑）。油断し過ぎな面白い逸話です。

この二つの大敗以外にも、小田氏治と落とされまくった小田城のステキな逸話はまだまだありますが、そのあたりは『ポンコツ武将列伝』でお楽しみください！

◆小田氏治以後は立派（？）な城に

なぜに、幾度も落城をしてしまったのか……。小田氏治の軍略にも問題があったとは思いますが、小田城の防御力にも問題がありました。

小田城は、鎌倉時代の武士の館のスタイルである「方形館《ほうけいやかた》」（館の周りに方形の堀と土塁をめぐらせた館）を拡張した縄張りになり、幅の広い堀が三重にめぐらされています。

小田城の見どころ！

本丸の南西虎口を守る南西馬出曲輪。虎口とは木橋で繋がっていた。小田城の見どころの一つ

空から見た小田城。かつて本丸を分断した筑波鉄道線路は現在サイクリングロードに（画像提供：つくば市教育委員会）

小田城跡歴史ひろば案内所のジオラマ。見学してから登城すると10倍楽しめる！

2013年（平成25）の発掘調査の説明会で見学することができた障子堀。敵兵が堀を自由に動けないように障害となる土塁が築かれている。見ることができたのは説明会の時のみ。現在は調査が終わり、埋められている

また、国の史跡に現在登録されている部分だけでも約二十一万㎡（東京ドーム約四・五個分）という広大さであり、本丸の周りの幅二十メートル以上にもなる堀には障子堀《しょうじぼり》がめぐらされ、南西虎口《こぐち》には馬出《うまだし》を設けるなど、防御力としては問題がないように思えます。

しかし、この充実した縄張りに進化したのは、小田氏治の時代の後のお話！

先ほども述べたとおり、史実だと一五六九年の落城以降、小田城を奪還することはなかった氏治は、一五七〇年（元亀元）からはライバルの佐竹家の支配下に入り、天敵の太田資正が小田城主となりました。そして、その息子の梶原政景が在城して城の大改築をしたのです。

その時に増築したとされるのが、南西の虎口と馬出、障子堀でした。

つまり、数多くの戦国大名たちが丘や山にお城を築いている中で、氏治の時代の小田城は、鎌倉時代の方形館をベースにした南北百四十五メートル&東西百三十メートルを本丸にした、シンプルな平城《ひらじろ》だったということのようです。

鎌倉時代初期から先祖代々継承してきたためなのか、小田氏治が時代に即さない小田城に見せる執着心には眩《まぶ》しいものがあります。

その後、佐竹家が秋田に転封《てんぽう》となった一六〇二年（慶長七）に小田城は廃城となりましたが、現在は、堀や土塁、櫓台、庭園、馬出などがキレイに整備されています。

福島城
〈ふくしまじょう〉

「波の音がうるさくて眠れない」――城主のワガママで廃城!?

○創建：一六〇七年（慶長十二）
○現存：
○再建：
○選定：
○所在地：新潟県上越市港町
○アクセス：JR信越本線黒井駅から徒歩20分

パラメーター	
防御力	2
映えレベル	1
知名度	1
アクセス	2
波音デジベル	5

本丸跡に建つ「福島城址」の石碑。土台は発掘された福島城の野面積の石垣！

◆わずか四年で廃城、悲運の生涯

越後《えちご》（新潟県）の戦国大名といえば……やはり上杉謙信《うえすぎけんしん》が一番有名ではないかと思います。

謙信の居城は、日本海を見下ろす鉢《はち》ヶ峰《みね》（標高百八十二メートル）に築かれた春日山《かすがやま》城（新潟県上越市）です。その跡を継いだ上杉景勝《かげかつ》は、一五九八年（慶長三）に会津《あいづ》若松《わかまつ》城（76ページ）に移り、春日山城には新たに堀秀治《ほりひではる》（父は織田信長《おだのぶなが》の小姓《こしょう》出身で〝名人久太郎〟と称された堀秀政《ひでまさ》）が入りました。

この城は山城《やまじろ》で不便だったため、春日山城から約六キロ北東の直江津《なおえつ》港（古代から栄えた越後のメインの港）近くに、一六〇〇年（慶長五）頃から福島城の築城をスタートしました。一六〇七年（慶長十二）、堀忠俊《ただとし》（越後福島藩の初代藩主。秀治の子）の時に完成、春日山城は廃城となり、城下町は福島城に移転されたといいます。東西には関川と保倉川《ほくらがわ》が天然の外堀となり、北には日本海が広がる要衝《ようしょう》でした。

その後、堀忠俊は御家騒動（二人の家老が家中の主導権争いでもめた）により、一六一〇年（慶長十五）に改易《かいえき》となり、替わって松平忠輝《まつだいらただてる》（徳川家康《とくがわいえやす》の六男。伊達政宗《だてまさむね》の娘婿《むこ》）が入城しました。

しかし、福島城は完成からわずか四年後の一六一四年（慶長十九）に廃城となってしまいます。松平忠輝は、義父・伊達政宗の指揮の下、「天下普請《てんかぶしん》」によって福島城の約八キロ南に高田城《たかだ》（新潟県上越市。「続日本100名城」「日本三大夜城」「日本三大夜桜」）を築いて移転したのです。

◆海が近すぎてトラブルに⁉

福島城が廃城となった理由ははっきりとはわかりませんが、河川や海に囲まれていたため水害に度々悩まされたともいわれていますし、どこまで本当かわかりませんが、一説によると、なんと忠輝が「波の音がうるさくて眠れない！」とワガママを言ったためとも伝えられています。

松平忠輝は、福島城に入るまで深谷城《ふかや》（埼玉県深谷市）→佐倉城《さくら》（千葉県佐倉市）→待城《まつしろ》（後の松代城。長野県長野市）を歴任しましたが、確かにすべて海から離れています（笑）。

ちなみに松平忠輝は、父の徳川家康から「顔が醜《みにく》い」ということで生涯嫌われ続けた不遇の人生を歩んでいます。徳川将軍家とのトラブルも度々あり、高田城の完成から二年後の一六一六年（元和二）に突然改易となっています。理由は、「大坂の陣」での遅参《ちさん》や、徳川秀忠《ひでただ》の旗本を惨殺した（旗本が松平忠輝の行軍を追い抜いたため）ため、などといわれています。

松平忠輝には、そういったトラブルメーカーな側面があるため、「波の音がうるさくて眠れないから廃城」というワガママ逸話も「ああ、まぁ、なくはないかな」と思ってしまいます（笑）。

城跡は一九六七年（昭和四十二）に発掘調査が行われ、石垣などが出土したものの、全体像に関するくわしいことはわかっていません。遺構はほとんど残っておらず、本丸の跡とされる場所には古城小学校が建っています。その校門を入ってすぐ左手には、発掘されて積み直された石垣と、本丸のジオラマなどが展示されている福島城資料館があります。

福島城の見どころ！

本丸跡とされる古城小学校。校門を入って左手に福島城資料館がある

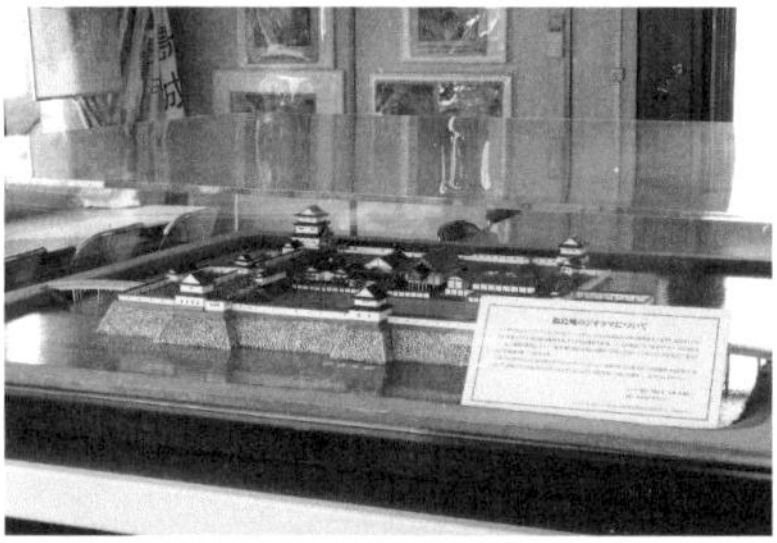

福島城資料館にあるジオラマ。本丸が復元されている

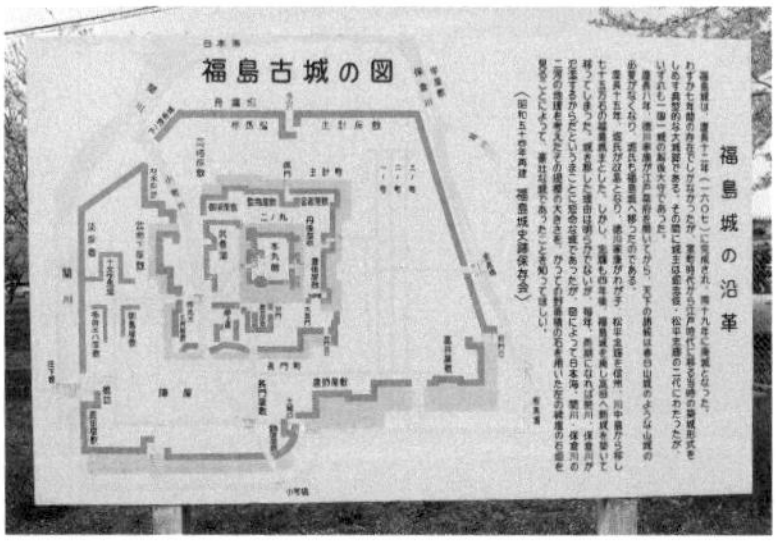

福島城の案内板。水堀・河川・海に囲まれた往年の縄張りが！

鳥羽城
〈とばじょう〉

○創建：一五九四年（文禄三）
○現存：
○再建：
○選定：
○所在地：三重県鳥羽市鳥羽
○アクセス：JR参宮線鳥羽駅から徒歩10分

パラメーター	
防御力	3
映えレベル	2
知名度	2
アクセス	3
ボラ想い	5

〝魚〟ファースト？ 大手門が海に面したお城！

三の丸跡に整備された三の丸広場。本丸にかけて石垣が段々に積まれている。幕に描かれた左三つ巴は九鬼家の家紋！

◆海賊大名が生み出した海城

四方を海に囲まれた日本には、水軍《すいぐん》を擁《よう》した大名や豪族などのお城が数多くありますが、志摩《しま》（三重県）の鳥羽城はその代表的なお城です。

鳥羽城を築いたのは、地元・志摩出身の九鬼嘉隆《くきよしたか》という戦国大名でした。

九鬼嘉隆は早くから織田信長《おだのぶなが》に仕え、織田家の代表的な水軍衆となります。一五七八年（天正六）の「第二次木津川《きづがわ》口《ぐち》の戦い」で新造した鉄甲船《てっこうせん》を用いて、村上《むらかみ》水軍を擁する毛利《もうり》軍を破ってリベンジ（二年前の「第一次木津川口の戦い」では敗れていた）を果たすなど、織田信長の天下統一に大きく貢献しました。

織田信長の死後、豊臣秀吉《とよとみひでよし》に従って鳥羽に領地を与えられた九鬼嘉隆は、豪族（橘氏《たちばなし》）の館跡に鳥羽城の築城を始め、一五九四年（文禄三）に完成したといわれています。九鬼嘉隆の時代の鳥羽城の全容は不明で、天守などが築かれていたかもわかりませんが、野面積《のづらづみ》の石垣の部分はこの時代に築かれたと考えられています。

鳥羽城は、後世に〝海賊大名〟の異名を取った九鬼嘉隆らしく、鳥羽湾に突き出た小高い山に築かれた海城で、その三方を海に囲まれています。

そして、なんと大手門《おおてもん》が海側（大手水門）にあるという、全国的に見ても珍しい縄張りとなっているのです！

◆不思議な因縁⁉　城跡の有名水族館

その後、九鬼嘉隆の孫にあたる久隆《ひさたか》の代に御家騒動が起きて九鬼家が転封《てんぽう》となると、一六三三年（寛永十）に譜代《ふだい》大名の内藤忠重《ないとうただしげ》が入城し、二の丸や三の丸を増築するなど鳥羽城を現在残るような姿に大改築しました。

ところが、内藤忠重が改築に予算を使い過ぎたため、鳥羽藩は財政難に陥《おちい》ってしまいます。そこで、鳥羽の名産物と知られていたボラを財源にしようとしました。

しかし、ボラには光や音に敏感という特徴があります。お城の白壁に朝日や月光が当たり、海に反射してしまうと、ボラ業に支障をきたしてしまいます。

そのため、鳥羽城はボラを驚かさないために、なんと海側を黒い城壁に、陸側を白い城壁とし

鳥羽城の見どころ！

本丸西側の石垣。九鬼嘉隆の時代と思われる野面積！

城跡に建てられている鳥羽水族館。鳥羽城名物の大手水門があった

相橋から見た妙慶川。左（北側）が伊勢国、鳥羽城がある右（南側）が志摩国。野面積の石垣（写真右下）が残されている

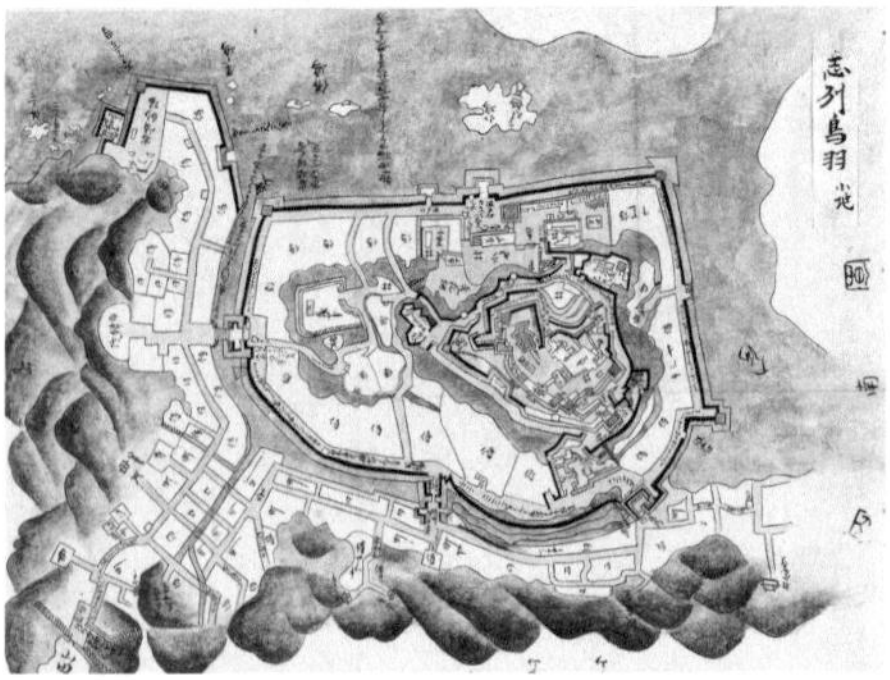

「鳥羽城絵図」。2019年（令和元）7月に、鳥羽城の姿を伝えるものとして最古であることが確認された！（松江市立松江歴史館蔵）

たといわれています。

この〝ボラファースト〟ともいうべき白と黒のコントラストのデザインが特徴的だったことから、「二色城《にしき》」（「錦城《にしき》」とも）という別名で呼ばれており、城下の「錦町」や「錦浦」の地名の由来ともなっています。

一八五四年（安政元）の地震で、江戸初期から存在した三重の天守をはじめとした建築物が倒壊した後は、修復が行われないまま明治維新《いしん》を迎え、一八七一年（明治四）の廃藩置県《はいはんちけん》により廃城が決定しました。

堀の多くは埋め立てられたものの、鳥羽城の北を流れる妙慶川《みょうけいがわ》に架かる相橋《あいばし》（鳥羽城に入る堀口門に繋《つな》がる重要な橋）には、野面積の石垣が残されています。ちなみに、相橋は旧国名で言うと北側は伊勢《いせ》、南側が志摩だったため、二つの国の人々が逢う橋ということで「相橋」と名付けられたといいます。

その後、城跡には鳥羽小学校や鳥羽幼稚園（現在はともに移転）が建てられ、本丸は小学校のグラウンドとなりました。また、城下町の武家屋敷跡には市役所や文化会館などが建てられました。

そして、鳥羽城の名物だった大手水門などの海沿いの部分は、飼育種類数が日本一を誇る鳥羽水族館に姿を変えています。

魚ファーストの海城の大手水門一体が、現代になって魚ファーストの有名水族館になるなんて、ウオっと驚きですね。

名古屋城〈なごやじょう〉

○創建：大永年間（一五二一〜二七）？
○現存：
○再建：
○選定：日本100名城
○所在地：愛知県名古屋市中区本丸
○アクセス：名古屋市営地下鉄名城線市役所駅から徒歩5分。同鶴舞線浅間町駅から徒歩12分

パラメーター	
防御力	3
映えレベル	5
知名度	5
アクセス	4
金鯱の旅行距離	5

シンボルの金鯱は海外旅行？　鱗が四度も盗まれた！

1959年（昭和34）に再建された天守。木造復元の施工をするのは織田信長の家臣・竹中藤兵衛に始まる竹中工務店

◆尾張名古屋は城で持つ

江戸時代に庶民たちの大ブームとなった旅行といえば、伊《い》勢《せ》神宮（三重県伊勢市）に参拝する「お伊勢参り」（「お蔭《かげ》参り」「抜け参り」とも）です。この流行とともに全国に広まった伊勢音頭という民謡がありますが、その中で特に有名な歌詞がコチラです。

「伊勢は津《つ》で持つ、津は伊勢で持つ、尾張《おわり》名古屋は城で持つ（伊勢は津藩のおかげで栄えていて、津藩は伊勢神宮のおかげで栄えている。尾張の名古屋は、名古屋城で繁栄を保っている）」

このように江戸時代から町のシンボルだった名古屋城は、一六一〇年（慶長十五）に「天下普請《てんかぶしん》」（江戸幕府が全国の諸大名に築城を命じたインフラ工事）によって築城がスタート、二

年後には金鯱《きんしゃち》（鯱は、頭が虎で身体が魚の空想上の生き物。火事の際に水を吹き出して火を消すという防火のまじないの役割がある）を載せた天守などが竣工《しゅんこう》し、お城の中心部がほぼほぼ完成をしました。

徳川御三家《とくがわごさんけ》の一つである尾張徳川家の居城であることから、徳川家の威信をかけて、西国や北国の諸大名の二十家を動員して築城が進められました。

現在、二之丸から大手馬出《うまだし》に入る場所に築城名人としても知られる加藤清正《かとうきよまさ》の石曳《いしひ》きの像が建っていますが、これは名古屋城の天守台の高石垣を担当したことに由来しています。あの巨大な天守台は、三ヶ月未満で完成したそうです。

本丸の東二之門には、加藤清正が運んだと伝わる約八畳サイズの「清正石」があります。しかし、ここの工事の担当は黒田長政《くろだながまさ》（官兵衛《かんべえ》の子）なので、加藤清正とは関係ありません。現地に行ったら「長政石」と呼んであげてください（笑）。

また、加藤清正の像がある二之丸にはかつて、尾張徳川家のお殿様が生活をする二之丸御殿（近年復元された本丸御殿は将軍が上洛《じょうらく》する時の宿泊所）があり、全国で一番大きい大名庭園が造られました。

ちなみに、二之丸には名古屋城が建てられる以前に、駿河《するが》（静岡県）の今川《いまがわ》家が築いた柳ノ丸（尾張攻めの最前線拠点として築城）、その後は織田信長《おだのぶなが》などが一時居城としていた那古野《なごや》城（以前は織田信長の生誕地とされていた。現在は勝幡《しょばた》城が有力候補地に）に改築されたといわれ、石碑と案内板が建てられています。

◆自慢の金の鯱に度重なる災難

名古屋城の天守は一九四五年（昭和二十）の空襲によって焼失してしまいますが、その時まで築城当時の天守が残っていました。

江戸城の天守（高さ約四十四・八メートル）は一六五七年（明暦三）の「明暦の大火」で焼失し、大坂城の天守（約四十四メートル）も一六六五年（寛文五）に落雷で焼失してしまったので、江戸時代を通して存在した天守では、名古屋城の天守（約三十六・一メートル）が日本で一番高かったそうです。

この天守は何度か修復が行われているのですが、中でも大規模な修復工事となったのが、一七五二年（宝暦二）の「宝暦の大改修」です。この時、天守台の石垣が沈み、天守が北西に傾いてしまっていたため、なんとテコの原理で天守の片側だけを六十センチほど持ち上げて、石垣を積み直しています。

また、名古屋城の象徴である金鯱も、江戸時代に三回、作り直されています。築城当初は慶長大判千九百四十枚分の純金（現在の価値で約十九億円以上！）を板にして張った金鯱が上げられました。その後、尾張藩の財政が悪化したため、金鯱を鋳直《いなお》して金の一部を藩の財政にあてるなど、純度を三回下げています。最後は光が鈍ってしまったため、金鯱の周りに金網をめぐらせて（当時の写真が残る）ごまかしたそうです。金鯱は初代城主・徳川義直《よしなお》（家康の九男）が子孫に残した資産といえるかもしれません。一八七〇年（明治三）になると、最後の城主の徳川慶勝《よしかつ》（会津藩主・松平容保《まつだいらかたもり》の兄。最後の将軍・徳川慶喜《よしのぶ》の従兄弟《いとこ》）は、明治政府の資金としてもらうために金鯱の献上を決定。翌年に天守から降ろされて東京へ運ばれると、宮内省に納められました。

一八七二年（明治五）には湯島聖堂で行われた日本初の博覧会に雄鯱（鯱にも雄と雌があり、名古屋城は北が雄）が出展され、石川県・大分県・愛媛県などの地方博にも出展されました。また、一八七三年（明治六）にはオーストリアのウィーン万国博覧会に出展され、雌鯱は日本コーナーの入り口に置かれて大好評だったそうです。

その後、「名古屋城に金鯱を返すべき！」という動きが活発になり、一八七九年（明治十二）に、日本だけではなく世界を旅した金鯱は、故郷の名古屋城に戻されました。

これと前後して、金鯱は鱗《うろこ》を盗難されるという大トラブルに、なんと四度も巻き込まれています。

最初は一八七一年（明治四）。金鯱を東京に運ぶために天守に足場が組まれていたタイミングを狙って、名古屋城を管轄《かんかつ》していた陸軍の番兵が鱗を三枚盗み、銃殺刑に処されました。

二度目は一八七六年（明治九）。東京の博物館に保管されていた金鯱の鱗が三枚盗まれ、犯人は懲役十年となりました。

三度目は一八七八年（明治十一）。天守に戻すために補修中だった金鯱からまたまた鱗が盗まれます。犯人がまた陸軍の軍人だったことから、事件は軍事機密として秘密裏に処理され、詳細は不明です。

そして、四度目は一九三七年（昭和十二）。この時、名古屋城の天守は実地調査のために足場が組まれていました。それを狙った大阪在住のミシン職工の佐々木賢一という四十歳の男が、雄鯱

名古屋城の見どころ！

4代目の金鯱。左が雌鯱（高さ2.579m）、右が雄鯱（高さ2.621m）で雄のほうが少し大きい

2018年（平成30年）に復元工事が完了した本丸御殿。約10年・150億円をかけて江戸時代の姿を忠実に復元

本丸御殿で最も絢爛豪華な上洛殿の上段之間。江戸幕府3代将軍・徳川家光の上洛のために増築。この部屋が家光の部屋！

加藤清正が築いた天守台の石垣。北東の下から5層目の隅石に「加藤肥後守 内 小代下総」という刻名が！　小代下総は加藤清正の家臣。写真では判読できなくて恐縮です。現地でぜひチェックを！

に接近し、覆《おお》っていた金網を一尺（約三十センチ）四方破いて、百十枚の金鱗の内、五十八枚を盗み出したのです！　その後、犯人は全国に指名手配となり、大阪に戻って金鱗を鋳直して換金しようとしたところを逮捕され、懲役十年に処されました。

この大事件は、当時の新聞で〝柿木金助《かきのききんすけ》の伝説以来〟などと書かれました。この柿木金助という人物は、江戸時代中期の尾張の盗賊で、一七一二年（正徳二）に、月を背景に大凧《おおだこ》を使って名古屋城の天守に乗り移り、金鯱の鱗を三枚盗んだと伝えられています。

この逸話自体はフィクションなのですが、柿木金助は実在の人物で、他に様々な盗難を重ねた結果、一七六三年（宝暦十三）に磔獄門《はりつけごくもん》となっています。

その後、一七八二年（天明二）に大坂で柿木金助をモデルとした『けいせい黄金鯱《こがねのしゃちほこ》』という歌舞伎が上演されました。江戸時代から明治時代にかけて、歌舞伎以外にも浄瑠璃《じょうるり》や小説など様々な作品で描かれています。

ちなみに、再建天守に載っている四代目の金鯱は、三代目の金鯱が空襲で焼失（吹き飛ばされた一部の鱗は現存。また、溶けて塊となった金から、名古屋市旗の竿頭《かんとう》の小さな金鯱と金の茶釜を作成→現存）した後に復元されたもので、約八十八キロの金（雄鯱：四十四・六九キロ、雌鯱：四十三・三九キロ）が使用されているそうです。この鱗はまだ盗まれたことはありません。ドロボウ、ダメ絶対！

名古屋城の金鯱に、こうした波乱万丈な歴史があったなんて、まさに目から鱗ですね（笑）。

甘崎城

〈あまざきじょう〉

モーゼの海割り!? 引き潮の時だけ陸続きに！

○創建：六七一年（天智天皇十）？
○現存：
○再建：
○選定：
○所在地：愛媛県今治市上浦町甘崎
○アクセス：JR予讃線今治駅からバス大三島インターバス停留所で乗り換え、水場からすぐ

パラメーター	
防御力	3
映えレベル	5
知名度	2
アクセス	2
モーゼもビックリ	5

年に数回、大三島と陸続きになる甘崎城に徒歩で「城攻め」！（画像提供：株式会社瀬戸内しまなみリーディング）

◆〝日本最古の水軍の城〟――その真偽は？

愛媛県今治《いまばり》市にある大三島《おおみしま》には、伊予《いよ》（愛媛県）の一ノ宮で源 頼朝《みなもとのよりとも》や源義経《よしつね》などが奉納した甲冑《かっちゅう》が伝わり、近代では伊藤博文《いとうひろぶみ》や山本五十六《やまもといそろく》などが参拝するなど、武士や政治家、軍人などから尊崇《そんすう》を集めた大山祇《おおやまづみ》神社があります。この大山祇神社があることから大三島は〝神の島〟と呼ばれています。その神の島から約二百メートル沖合の瀬戸内海にポッカリと浮かぶ、古城島《こじょうじま》という無人島にかつて存在した海城《うみじろ》というのが甘崎城です。

甘崎城は、鬼ノ城《きのじょう》（16ページ）などの古代山城《こだいさんじょう》が築かれたのと同じ時代の六七一年（天智《てんじ》天皇十）に、唐《とう》・新羅《しらぎ》の軍勢に備えるために天智天皇の命令で築かれたと言い伝えられ

ています。もしこの伝承が真実なら〝日本最古の水軍の城〟ということになります。

発掘調査によると、遺物は十五～十六世紀のものが多かったそうです。この時代の城主は村《むら》上《かみ》家でした。村上家は〝村上水軍《すいぐん》〟や〝村上海賊〟とも呼ばれる、瀬戸内海で水運や水軍を司《つかさど》った一族です。村上一族は大きく三つの家に分かれ、拠点にした島にちなんで「能島《のしま》村上家」「来島《くるしま》村上家」「因島《いんのしま》村上家」と呼ばれています。甘崎城は、はじめは能島村上家に属した今岡《いまおか》家が城主でしたが、後に来島村上家の支配下に入ると、一族の村上吉継《よしつぐ》が城主となりました。

◆ここで登場〝築城名人〟藤堂高虎！

その後、一六〇〇年（慶長五）に「関ヶ原の戦い」の武功で、〝築城名人〟の藤堂高虎《とうどうたかとら》が伊予を与えられると、今治城の築城などとともに、甘崎城を総石垣の城郭へと大改築しました。

この改築から九十年ほど経った、江戸幕府五代将軍・徳川綱吉《とくがわつなよし》の時代の一六九一年（元禄四）に、エンゲルベルト・ケンペルというドイツ人医師がこの沖合を船で通りました。その時、ケンペルは、甘崎城の海中に浮かぶ石垣に驚き、帰国後に記した『日本誌』に「水中より聳《そび》ゆる堡《ほ》塁《るい》あり」と残しています。ケンペルが目にした石垣は、古城島をグルっと取り囲んでいたそうですが、幕末の頃に地元の塩田《えんでん》開発のために多くが持ち去られてしまったそうです。

とはいっても、現在も島のいたる所に石垣が残され、当時の瓦《かわら》なども落ちています。また、水軍のお城らしく、船着き場などを建てた時のピット（柱穴）が古城島の東側の岩礁に多く残されています。ピット見学は、水軍城を散策する時の醍醐味《だいごみ》ですね！

瀬戸内海に浮かぶお城ではありますが、年間に数回だけ、徒歩で登城することができます。なんと、四月から八月の干潮《かんちょう》時にだけ、大三島から陸続きになるのです。さながらモーゼの海割り伝説！　とてつもなく冒険心をくすぐられる夏休みの城攻めにピッタリの海城です。

甘崎城の見どころ！

城跡に残る石垣。幕末に塩田開発のために持ち出された石材も多かったが、一部が現存！（画像提供：株式会社瀬戸内しまなみリーディング）

岩礁に残されたピット跡。船着場などを建てた時の柱穴が残っている。まさに水軍のお城！（画像提供：株式会社しまなみ）

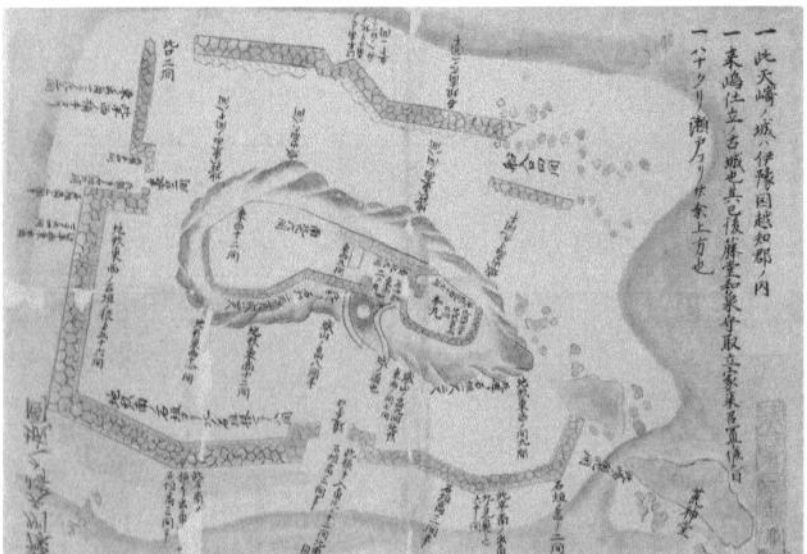

江戸時代中期に描かれた甘崎城の絵図（『日本古城絵図』より「予州天崎之城図」・国立国会図書館蔵）

杉山城〈すぎやまじょう〉

城好きの聖地……なのに史料に一切登場しない神秘の城

○創建：十五世紀後半？
○現存：
○再建：
○選定：続日本100名城
○所在地：埼玉県比企郡嵐山町杉山
○アクセス：東武東上線武蔵嵐山駅から徒歩40分。同小川町駅からバス小川パークヒル下車徒歩20分

パラメーター	
防御力	4
映えレベル	3
知名度	3
アクセス	2
ミステリアス	5

東二の郭から見た本郭、南二の郭。郭！　空堀！　土塁！　見事！　伐採感謝！

◆思わず興奮、築城のノウハウ満載の城

お城が好きな方（特に石垣のない土の城好きの方）なら、きっと知らない人はいないでしょう！　我が地元・埼玉県が誇る名城が杉山城です。

実に細かいテクニカルな縄張りがされていることで知られる杉山城は、〃戦国期城郭の最高傑作の一つ〃〃築城の教科書〃〃中世城郭の教科書〃などと評されています。

標高約九十五メートルの本郭《ほんぐるわ》を中心にして、東・南・北の三方向の尾根伝いに高低差をうまく利用して十ヶ所あまりの曲輪《くるわ》を段々に造り、曲輪の入り口には馬出《うまだし》や枡形《ますがた》を多数設けて、それを繋《つな》ぐ橋に横矢が掛けられるように巧《たく》みに構成されています。

この興奮は、いくら文字で説明してもキチンと伝えきることはできませんので、ぜひ現地で体感していただきたいです！

◆「縄張り」と遺物の間に横たわる〝矛盾〟

さて、お城好きが一度は訪れたいと思うに違いない名城・杉山城ですが、実は史料に一切登場しない謎《なぞ》だらけのお城なのです。伝承によると、金子主水《かねこもんど》という地元の豪族が築城したとされますが、築城年も築城主もハッキリしたことはわかっていません。

この謎を解く鍵はどこにあるのか……。目に見えているヒントは、その見事な縄張りです。この縄張りから考えると、杉山城は小田原城（82ページ）を本拠地とする北条《ほうじょう》家によって築城されたと想定できるのです。

「史料には登場しないが、それで間違いない！」と思えてくるのですが、一つ問題が発生したのです。発掘調査をしてみると、北条家の時代（十六世紀半《なか》ば以降）の遺物が発掘されず、その前の山内《やまのうち》上杉家の時代の遺物しか発掘されなかったのです。

つまり「縄張り的には北条家の時代のお城っぽいけど、発掘された遺物は山内上杉家の時代のものだった」ということです。この縄張りと遺物の時代の食い違いは「杉山城問題」と呼ばれています。最近、西股総生《にしまたふさお》さんがこの問題について考察した『杉山城の時代』が出版されて話題となりました。その中で「発掘された陶磁器などは、作られた時代から破棄《はき》される時代にはタイムラグがある」という重要な指摘がなされています。

しかし、それも杉山城の時代を確定する証拠にはならず、縄張りから時代を確定することも不可能なので、杉山城問題はまだまだ熱を帯びています。個人的には、そのミステリアスさが、ますます杉山城の魅力をアップさせているように思います。

とにかく、一度攻城して、横矢掛《よこやがかり》で討《う》ち死にしてきてください！（笑）

杉山城の見どころ！

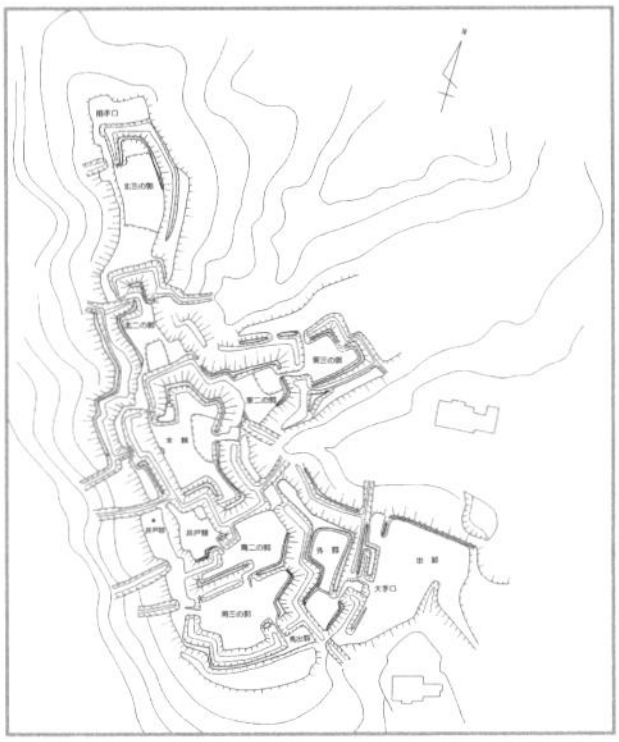

杉山城のテクニカルな縄張り（画像提供：嵐山町教育委員会）。城めぐりをする際はぜひお手もとに

大手口から見た杉山城。外郭に進む登城道がさっそく左折で横矢掛！

城内唯一の井戸。水は今も滲み出ているが、敵に使われないように廃城時に石で蓋をされた

園部城
〈そのべじょう〉

○創建：一八六九年（明治二）
○現存：櫓門、巽櫓、番所、太鼓櫓（安楽寺に移築）
○再建：
○選定：
○所在地：京都府南丹市園部町小桜町
○アクセス：ＪＲ山陰本線園部駅から徒歩20分、またはバス園部高校前下車すぐ

パラメーター	
防御力	2
映えレベル	2
知名度	1
アクセス	2
リアルマリオメーカー	5

スーパーマリオの生みの親となった〃日本最後の城〃

現存する本丸の櫓門。中に入ると本丸跡に園部高校と附属中学校が！　OBには政治家の故・野中広務さんも

◆「陣屋」では満足できぬ！　藩主の夢は叶うのか？

明治時代に入ってお城が取り壊されていく中で、新たに築城されたお城もありました。その一つが園部城です。

園部城は、小出吉親《こいでよしちか》（父・小出吉政《よしまさ》は豊臣秀吉《とよとみひでよし》の従兄弟《いとこ》）が一六一九年（元和五）から二年かけて築城した園部陣屋《じんや》に始まります。

江戸時代、大名にはランクがありまして、お城を持って良い「城持《しろもち》大名」（一般的に石高《こくだか》が三万石以上）と、持ってはいけない「無城《むじょう》大名」（一般的に石高が一〜三万石）がいました。

小出吉親はお城を持つことが許されないランクだったため「城」よりランクの低い「陣屋」を築きました。

陣屋にも、堀や石垣、土塁などをめぐらされ、御殿や城下

町が設けられたことから、小規模ながら、城とは大差はない造りでした。その後、園部藩は小出家が藩主を代々務め、時は幕末を迎えます。

園部藩には長年の夢がありました。それは「園部陣屋を城にしたい！」ということでした。園部藩は一八六四年（元治元）に江戸幕府に櫓門《やぐらもん》や櫓などの増築を願い出ます。しかし、江戸幕府は同年の「池田屋事件」や「蛤御門《はまぐりごもん》の変（禁門《きんもん》の変）」などでテンヤワンヤだったため、先延ばしになってしまいます。しかし、一八六七年（慶応三）十月、ついに幕府から内諾《ないだく》を得ることができました。ところが、その直後に大政奉還《たいせいほうかん》が行われて江戸幕府は滅亡してしまい、またも先延ばし……。

それでも、園部藩はまだあきらめません！

その翌年の一八六八年（明治元）に江戸幕府ではなく、今度は明治政府に築城の許可を求めました。築城理由は、「京都で何かトラブルがあった時に明治天皇をお守りするため」というものでした。この理由が明治政府に〝刺さった〟ため、園部陣屋の建築から二百五十年後にようやく築城がスタート、一八六九年（明治二）に〝日本最後の城〟の一つである園部城が誕生したのです。おめでとう！

この時、三つの櫓門や四つの櫓（巽《たつみ》櫓・太鼓《たいこ》櫓・巣鴨《すがも》櫓・乾《いぬい》櫓）が築かれ、堀も二キロに及ぶほど大規模になり、名実ともに「城」へと変貌を遂げました。

が、しかし、すぐに園部城は不要となり、完成からわずか三年後の一八七二年（明治五）に廃城となってしまいます。

園部城の見どころ！

現存の巽櫓。現存する櫓は安楽寺に移築された太鼓櫓を含めて二つだけ！

本丸北東の堀跡と算盤橋（模擬復元）。北に歩くとすぐに小麦山の登山口がある

園部城の東の天神山にある生身天満宮。菅原道真の生前に建立され、全国約1万2千ある天満宮で最古とされる。園部城が建てられる際に、現在の地に移されたらしい

小麦山の散策路の入り口。この小山で幼少期の宮本茂さんが遊び、スーパーマリオのルーツとなった！

◆名作ゲーム誕生の裏に園部城あり⁉

現在、本丸は園部高校や附属中学校の校舎が建っていますが、なんとその正門は現存する園部城の本丸の櫓門なんです！　その脇には番所と巽櫓も現存しています。また、太鼓櫓は安楽寺《あんらくじ》（南丹市八木町）に移築されて残されています。

また、園部城が誕生した際に、もう一つ櫓が造られました。園部城の背後の小麦山《こむぎやま》（標高百八十メートル）に建てられた三層の「小麦山櫓」です。写真が残っていないので、どういった形をしていたかわかりませんが、一八八七年（明治二十）頃までは存在していたようです。

ちなみに、この小麦山から、あの世界的な大人気ゲーム「スーパーマリオブラザーズ」が誕生しています。任天堂のゲームプロデューサーの宮本茂《みやもとしげる》さんは園部の出身で、園部高校のOBなのですが、小さい頃に小麦山で遊んだ思い出をベースに、マリオがどうやって跳ぶか転ぶかなどを考えて、名作ゲームを生み出したそうです。ということは、クッパキャッスルのモデルは園部城だったり？（笑）

余談ですが、園部陣屋が建てられる前に、この地には菅原道真《すがわらのみちざね》を祀《まつ》った生身《いきみ》天満宮がありました。天満宮は全国に約一万二千ありますが、菅原道真の生前に建てられたのはここだけであり、日本最古の天満宮とされています。園部陣屋を築く際に、東の天神山の山麓《さんろく》に移され、現在に至っています。登城と併《あわ》せて、ぜひご参拝を！

中津城
〈なかつじょう〉

現在の城主は関東の一般企業！

○創建：一五八八年（天正十六）
○現存：
○再建：天守、大鞁櫓
○選定：続日本100名城
○所在地：大分県中津市二ノ丁本丸
○アクセス：JR日豊本線中津駅から徒歩15分

パラメーター	
防御力	3
映えレベル	3
知名度	3
アクセス	3
お金があればなぁ……	5

本丸跡に建つ模擬天守と復興櫓。再建された天守のモデルは萩城（画像提供：株式会社千雅商事）

◆現存する九州最古の石垣

高松城（119ページ）、今治城（128ページ）と並んで「日本三大水城《みずじろ》」に数えられているのが中津城です。

一五八七年（天正十五）に豊前《ぶぜん》（大分県）に領地を与えられた豊臣秀吉《とよとみひでよし》の重臣・黒田官兵衛《くろだかんべえ》が、翌年から高瀬川《たかせがわ》（現・中津川）の河口付近に築き始めた「九州地方で最古の近世城郭の一つ」の水城です。

一六〇〇年（慶長五）には「関ヶ原の戦い」で黒田長政《ながまさ》（官兵衛の子）の活躍により、黒田家が筑前《ちくぜん》（福岡県）に加増&移《い》封《ほう》となったため、豊前には替わって細川忠興《ほそかわただおき》が入りました。

小倉《こくら》城を本拠地とした細川忠興に対して、中津城は細川忠利《ただとし》（忠興の子）が城主となり、一六〇二年（慶長七）から大改築を行いました。

一六一五年（慶長二十）に「一国一城令」が出されたため、小倉城以外のお城は破却されることになりかけましたが、細川忠興が江戸幕府に根回しをしていたため、中津城は例外として認められ、改築工事は続けられました。

その後、家督《かとく》を細川忠利に譲った細川忠興が中津城を隠居城とした一六二〇年（元和六）になって、ようやく大改築が終わり、現在残るような姿になりました。細川家によって改築された中津城は、上から見ると〝扇〟のような形をしていることから「扇城《せんじょう》」という異名でも呼ばれています。

二の丸や三の丸などは、黒田家時代の縄張りとは異なる形をしていますが、本丸の石垣の多くは黒田官兵衛によって積まれた穴太衆《あのうしゅう》による野面積《のづらづみ》と考えられており、同時期に積まれた九州の石垣はほとんど破却されてしまっているため、九州で最古の石垣とされています。

◆平成の世に「城主」になるビッグチャンス到来！

その後、一六三二年（寛永九）に細川家は熊本城に移り、小笠原長次《おがさわらながつぐ》（江戸幕府の譜代《ふだい》大名。徳《とく》川家康《がわいえやす》の玄孫《やしゃご》。本多忠勝《ほんだただかつ》の曾孫《そうそん》）が入ります。一七一七年（享保二）からは奥平昌成《おくだいらまさしげ》（五代前の奥平信昌《のぶまさ》は「長篠《ながしの》の戦い」で長篠城に籠城《ろうじょう》して奮戦！　徳川家康の長女・亀《かめ》姫を娶《めと》り譜代大名に）が城主となり、幕末まで奥平家が中津城主を務めています。

一八七一年（明治四）の廃藩置県《はいはんちけん》を迎えて廃城となると、中津藩士だった福沢諭吉《ふくざわゆきち》（城下に旧宅

中津城の見どころ！

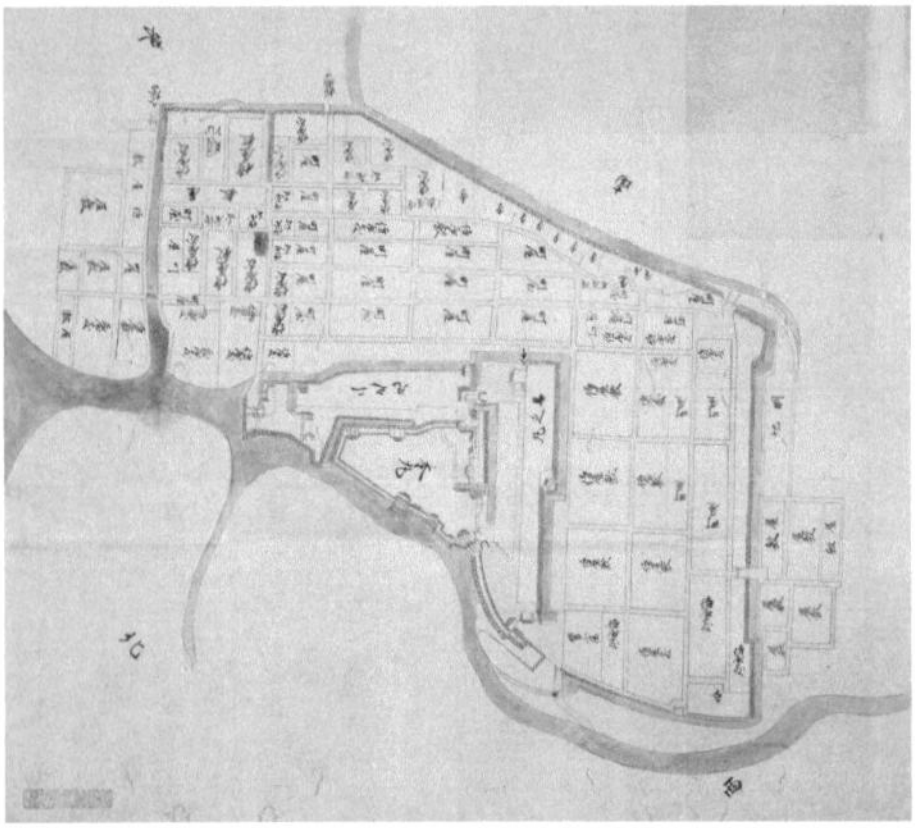

扇の形をしているのがよくわかる縄張り図（『日本古城絵図』より「豊前国中津之城図」・国立国会図書館蔵）

継ぎ目のある石垣。右が先に積まれた黒田家時代、左が後に足された細川家時代（画像提供：中津市教育委員会。中津大神宮所有）

城下町に残る中津藩士・福沢諭吉の旧宅。2歳から19歳までを過ごした（画像提供：公益財団法人福澤旧邸保存会）

が残る）の進言により、御殿を除くほとんどの建物が破却されました。残された御殿も一八七七年（明治十）の「西南戦争」に関連して戦場となり、焼失しています。

ちなみに、現在、中津城の本丸の北側に建つ城井《きい》神社は、黒田長政が謀殺した宇都宮鎮房《うつのみやしげふさ》（豊前の有力大名で黒田家と敵対）の霊を慰《なぐさ》めるため、長政自身が祀《まつ》ったことに始まり、江戸時代から現代まで中津城の守護神として崇《あが》められています。

また、本丸の東側には再建された天守と櫓《やぐら》がありますが、これは一九六四年（昭和三十九）に旧城主の奥平家が中心となり、市民らの寄付金を合わせて建造したものです。ちなみに、中津城に実際に天守があったかどうかは不明であり、再建天守のモデルとなったのは萩《はぎ》城（山口県萩市）の天守です。萩城の天守は現存していませんが、明治時代初期の写真が残されています。それを見ると、中津城の再建天守とソックリということがわかります。

ちなみに、この再建天守ですが、なんと二〇一〇年（平成二十二）七月にインターネット上で、土地とともに売却に出されました！

そして、再建天守を管理していた「中津勧業」（旧城主・奥平家の子孫が代表取締役）さんから、関東で福祉事業を営む「株式会社千雅《ちが》」さん（社長が大分県出身！）に売却されることが決定しました。

本格的な再建天守のうち、この中津城のように一般企業が管理している、いわば城主となっているのは全国でも非常に珍しいことです。管理は大変でしょうが、とってもうらやましい！

浜松城

〈はままつじょう〉

○創建：十五世紀？
○現存：
○再建：天守、天守門
○選定：続日本100名城
○所在地：静岡県浜松市中区元城町
○アクセス：JR東海道本線浜松駅から車で5分、またはバス市役所南下車徒歩6分

パラメーター	
防御力	3
映えレベル	3
知名度	3
アクセス	3
あげまん力	5

出世間違いなし――天下人ゆかりの城！

再建した天守と現存する野面積の石垣。江戸時代の絵図には描かれておらず、どのような天守があったかは不明

◆家康、水野忠邦……錚々たる歴代城主

世界史上でも類を見ない二百六十年以上の太平の世を築き上げた徳川家康《とくがわいえやす》！

その家康が、一五七〇年（元亀元）に生誕地の岡崎城（愛知県岡崎市）から移り、二十九歳から四十五歳までの壮年の十七年間を過ごした居城が浜松城です。

一五七二年（元亀三）に浜松城から約一キロ北の台地で行われた「三方《みかた》ヶ原《はら》の戦い」で武田信玄《たけだしんげん》の軍勢に大敗したのも、この浜松城主時代のことでした。

城下町には、この敗走時に家康が身を隠したと伝わる楠《くすのき》（浜松八幡宮に残る樹齢千年以上の御神木）や、敗走時に家康が腹ごしらえをしたという小豆餅《あずきもち》という場所、その小豆

餅を出した茶屋の老婆が家康から銭を回収したという銭取《ぜにとり》という場所（バス停の名で残る）などが伝えられています。

こういった逸話もあり、家康のイメージが強い浜松城ですが、浜松城を天守や石垣を備えた近世城郭に進化させたのは松江城（236ページ）を築いたことで知られる堀尾吉晴《ほりおよしはる》です。当時、豊臣秀吉《とよとみひでよし》の重臣だった吉晴は、城主となった一五九〇年（天正十八）から大改築を行っています。堀尾家は一六〇〇年（慶長五）に「関ヶ原の戦い」の軍功で出雲《いずも》（島根県）に加増&転封《てんぽう》。

それ以降、浜松城の城主になった人物は、在任中に老中や大坂城代、京都所司代《しょしだい》など、幕府の要職に就《つ》いた譜代《ふだい》大名が多くいます。その中でも、江戸時代後期に「天保《てんぽう》の改革」を行った水野忠邦《みずのただくに》は有名ですね！

このように、後に天下を取る徳川家康が壮年期を過ごし、江戸時代は城主が幕府の要人となったことから、浜松城は〝出世城〟と称されているのです。

◆秀吉出世のきっかけ？　もう一つの「浜松城」

浜松城にまつわる、出世した人物は他にもいます。それが豊臣秀吉です。

浜松城が建てられる以前、ここには曳馬《ひくま》城というお城がありました。

まだ武士の身分でなく、木下藤吉郎《きのしたとうきちろう》と名乗る一介の行商人だった十六歳の秀吉が、曳馬城の宴会に呼ばれ、猿が栗を食べるモノマネをしたところ大ウケ、武士に取り立てられたという逸話が残されているのです。

浜松城の見どころ！

1873年（明治6）まで存在した天守門。2014年（平成26）に復元

曳馬城の本丸に建つ元城町東照宮。1886年（明治19）に旧幕臣の井上八郎が創建

城下町に伝わる「徳川秀忠公 誕生の井戸」。江戸幕府二代将軍の秀忠は、家康が浜松城主だった1579年（天正7）にこの地で誕生

元城町東照宮の境内にある徳川家康と豊臣秀吉の像。間に立つはロケ中の私！挟まれて撮れば運気上昇!?

当時の城主は今川《いまがわ》家家臣の飯尾連龍《いのおつらたつ》で、徳川家康へ内通した疑いで一五六六年（永禄八）に、今川氏真《うじざね》（義元《よしもと》の子）によって暗殺されています。

曳馬城はその後、徳川家康の居城となった際に「馬を曳《ひ》く」では縁起が悪いということで、この地域に昔からあった地名「浜松」に改名し、曳馬城を拡張する形で浜松城を築いたそうです。また、徳川家康が「三方ヶ原の戦い」で敗走して浜松城に入城したのは、旧・曳馬城の北口の城門（玄黙口《げんもくくち》。跡地に案内板が建っている）からだったといいます。

現在、曳馬城の跡地は、浜松城の二の丸から道を挟んだ小高い丘だといわれています。本丸の跡には元城町東照宮があり、境内《けいだい》には若かりし頃の徳川家康と豊臣秀吉の像が立っています。

ちなみに、元城町東照宮から約百メートル北の六間道路には「本田《ほんだ》技研発祥の地」という木碑が建てられています。ここはホンダ（本田技研工業）の創始者である本田宗一郎《そういちろう》さんが初めて会社を構えた場所なのです。

このように「曳馬城＝元城町東照宮」は〝二人の天下人×ホンダの創始者〟を生んだパワースポットということで、全国から、社長さんや出世を志す方々が訪れているそうです。

私ごとですが、プライベートで元城町東照宮を訪れた一週間後に、なんとこの元城町東照宮でのテレビのロケが決定するというご利益《りやく》を受けました。

ありがたや、ありがたや！　皆さんもぜひご参拝を！

松尾城

〈まつおじょう〉

明治維新後に創建、もう一つの〃日本最後の城〃！

○創建：一八七〇年（明治三）　○所在地：千葉県山武市松尾町松尾
○現存：長屋門（民家に移築）
○再建：
○選定：　○アクセス：ＪＲ総武本線松尾駅から徒歩15分

パラメーター	
防御力	2
映えレベル	2
知名度	1
アクセス	2
道灌リスペクト度	5

◆江戸城築城の太田道灌の末裔が江戸最後の築城

園部《そのべ》城（44ページ）と同じく明治時代に新たに築かれたのが松尾城です！　こちらもまた〃日本最後の城〃と呼ばれています。

松尾城は一八六八年（明治元）から太田資美《おおたすけよし》によって築城が始められました。

この太田資美の十五代前にあたる人物が、江戸城の築城などで知られる室町《むろまち》時代中期の武将の太田道灌《どうかん》です。この道灌以降、太田家は大名として没落していましたが、太田道灌の玄孫《やしゃご》である、お梶《かじ》という女性が転機をもたらします。

聡明だったお梶は、徳川家康《とくがわいえやす》の側室《そくしつ》となって、その寵愛《ちょうあい》を受けます。家康の十一男・徳川頼房《よりふさ》（水戸徳川家の祖）の

松尾自動車道コース内の「松尾藩公庁跡」の石碑。授業の合間の休み時間に見学可！　受付で資料をもらえる

養育係となったこともあり、一六三五年（寛永十二）にお梶の甥《おい》（太田資宗《すけむね》）が大名となりました。

ちなみに、お梶は「関ヶ原の戦い」で家康に同行しており、この戦いに勝利を収めたことから、験《げん》をかついだ家康は「お勝」と改名させています。彼女は、春日局《かすがのつぼね》とも交流があり、徳川家光《いえみつ》の三代将軍就任に貢献したともいわれています。

その後、太田家は老中《ろうじゅう》など江戸幕府の要職を歴任して、太田資美の六代前（太田資俊《すけとし》）からは掛川《かけがわ》城主となって、明治維新《いしん》まで大名を務めました。

◆明治時代に入って立藩、築城開始！

明治時代がスタートした一八六八年に、徳川の宗家《そうけ》（元将軍家）は江戸城をはじめ関東の天領（江戸幕府の直轄領）を明治新政府に没収され、駿河《するが》・遠江《とおとうみ》（静岡県）と三河《みかわ》（愛知県）に移封《いほう》となりました。そのため、掛川に領地を持っていた太田資美は、替わりに上総《かずさ》の武射《むさ》郡（千葉県山武《さんむ》市・芝山町・横芝光《よこしばひかり》町・東金《とうがね》市）に領地をもらいました。

そして、翌一八六九年（明治二）、柴山《しばやま》藩を立藩すると、太田資美は新たな拠点として松尾城を築き始めたのです。さらにその翌年、藩知事邸や藩庁が一応の完成をしたため移転すると、藩名を松尾藩と改めています。

城名と藩名は、掛川城の別名である松尾城に由来し、松尾城が築かれた台地の名の「桔梗《ききょう》台《だい》」（桔梗ヶ丘とも）は太田家の家紋の「丸に桔梗」に由来しています。また、太田家が築いたことから「太田城」とも呼ばれています。

松尾城の見どころ！

藩知事邸（現・松尾中学校）下の汐見坂。名前の由来は先祖が築いた江戸城の汐見坂。坂上からは太平洋を望める！

松尾中学校（藩知事邸の跡に建つ）の北東に残る土塁。校門の内側には、松尾城の別名「太田城」と書かれた石碑も立っている

松尾城の推定地と現在の地図。上から見ると三角形の「三稜郭」のような縄張り！
（画像提供：山武市歴史民俗資料館）

城下の民家に移築された長屋門。立派な二階建て！　内部は非公開

ちなみに、松尾城の縄張りはかなり独特で、五稜郭《ごりょうかく》（156ページ）などと同じく稜堡《りょうほ》式の城郭です。ただ、五稜郭のような星型の要塞《ようさい》ではなく、三角形（三稜郭）のような縄張りとなっています。

さて、松尾藩は誕生したものの、実はこの時、松尾城はまだ完成していませんでした。そのため、その後も工事は続けられましたが、移転の翌年の一八七一年（明治四）の廃藩置県《はいはんちけん》を受けて、松尾藩知事だった太田資美は解任、松尾城は完成することなく工事は中止となってしまったのです。

現在、藩知事邸の跡地は松尾中学校となり、藩庁の跡地は松尾自動車教習所となっています。また、長屋門《ながやもん》が城下の民家に移築現存する他、切り通し跡の汐見坂《しおみざか》や、藩庁の土塁の跡が一部だけ残されています。

また、大手門の跡の近くに建つ末廣《すえひろ》神社は、太田資美と旧松尾藩士が、太田道灌を祀《まつ》るために一八七三年（明治六）に建立《こんりゅう》したもので、現在も地域の方々から「道灌様」と呼ばれて親しまれています。

江戸城をはじめ、河越《かわごえ》城（埼玉県川越市）や岩付《いわつき》城（埼玉県さいたま市）なども手掛けたといわれる築城名人の太田道灌の末裔《まつえい》が〝日本の最後の城〟の一つである松尾城を築いたという不思議なめぐり合わせに、お城好きならグッとこないわけない!!

世田谷城
〈せたがやじょう〉

登城すれば幸せが訪れる！ 招き猫発祥の地!?

○創建：十四世紀後半？
○現存：
○再建：
○選定：
○所在地：東京都世田谷区豪徳寺
○アクセス：小田急小田原線豪徳寺駅から徒歩15分。東急世田谷線宮の坂駅または上町駅から徒歩5分

パラメーター	
防御力	2
映えレベル	4
知名度	1
アクセス	3
招福力	5

住宅街に忽然と出現する世田谷城址公園。土塁と空掘の一部が現存している！

◆「御所」と呼ばれた超名門城主の居城

「招き猫」といえば、江戸時代から庶民に愛されてきた縁起物ですが、その発祥の地の一つが世田谷城の跡地といわれています。この城がいつ頃築かれたかは不明ですが、室町《むろまち》時代初頭の一三六六年（貞治五）、世田谷に領地を与えられた吉《き》良治家《らはるいえ》によって築城されたと伝えられています。

吉良家というと『忠臣蔵』でおなじみの、赤穂《あこう》四十七士の襲撃を受けて暗殺された江戸時代半《なか》ばの吉良上野介《こうずけのすけ》が有名です。

吉良上野介の吉良家は三河《みかわ》（愛知県）を拠点としたため、三河吉良家と呼ばれ、世田谷城の吉良家は陸奥《むつ》（福島・宮城・岩手・青森県）や武蔵《むさし》（埼玉県・東京都）を拠点としたた

め、奥州吉良家や武蔵吉良家と呼ばれますが、どちらも同じ先祖に辿《たど》り着く同族です。いずれも、室町幕府の足利《あしかが》将軍家の縁戚にあたる超名門の家柄だったため、世田谷城は「世田谷御所」とも呼ばれました。

世田谷城の吉良家は、築城したと伝わる治家から八代、百年以上にわたって世田谷城を居城として周辺を治めました。

六代・成高《しげたか》の時には戦国大名として躍進し、江戸城の太田道灌《おおたどうかん》と同盟を組み、一四七六年（文明八）に起きた「長尾景春《ながおかげはる》の乱」の鎮圧に貢献しています。この時、練馬《ねりま》城（89ページ）の豊島《としま》泰経《やすつね》が長尾景春と呼応して挙兵していますが、太田道灌が豊島泰経を退治するために出兵すると、道灌不在の江戸城守備を任されるほど信頼を受けていたそうです。七代・頼康《よりやす》は北条氏綱《ほうじょううじつな》（北条家二代）の娘を、八代・氏朝《うじとも》は北条氏康《うじやす》（北条家三代）の娘を、それぞれ正室に迎えており、戦国時代は小田原城の北条家の家臣となっています。ただ、足利将軍家の一族だったことから、北条家からはゲスト的な客将として丁重に扱われていたようです。

その後、一五九〇年（天正十八）に豊臣秀吉《とよとみひでよし》による「小田原征伐《せいばつ》」が起きると、世田谷城の吉良家も北条家と運命をともにします。豊臣軍に明け渡された世田谷城は、吉良家滅亡とともに廃城となり、江戸時代に入ると、江戸城を修築する際に石材が運び出されたといいます。

◆「招き猫」「ひこにゃん」……井伊家と猫との不思議な縁

現在、名門吉良氏の世田谷城は土塁や空堀が一部だけ残り、住宅街に世田谷城址公園として整備されています。

また、城跡の西の部分一帯には豪徳寺《ごうとくじ》が建てられています。

このお寺は、四代・吉良政忠《まさただ》が一四八〇年（文明十二）に伯母《おば》のために世田谷城内に創建した弘徳院《こうとくいん》に始まります。その後、江戸時代になり世田谷の領主となった井伊直孝《いいなおたか》（二代彦根藩主）が弘徳院を修復して、江戸の菩提寺《ぼだいじ》と定めました。そして、一六五九年（万治二）に井伊直孝の法号の「久昌院殿豪徳天英大居士」にちなんで豪徳寺と改称されました。

豪徳寺の境内《けいだい》には井伊直孝の他、一八六〇年（安政七）の「桜田門外《さくらだもんがい》の変」で暗殺された大老《たいろう》・井伊直弼《なおすけ》など、彦根藩主とその妻子たちの墓が建立《こんりゅう》されています。

さてさて、最後に豪徳寺と招き猫のお話！

むかしむかし、井伊直孝が鷹《たか》狩りで弘徳院の前を通りかかるとにわか雨が降り出したので近くの木の下で雨宿りをしていました。すると、一匹の猫が現れて門の前で手招きをし始めます。井伊直孝は招かれるままに弘徳院に入ると、なんと雨宿りしていた木に雷が落ちたのです。

命拾いをした井伊直孝はこの猫に感謝して、弘徳院を菩提寺としたといいます。そして、この猫は商売繁盛を招く幸せの「招き猫」のモデルとなったと伝えられています。

ちなみに、彦根城の人気キャラの「ひこにゃん」のモデルが猫なのも、井伊直孝と招き猫の伝承がもとになっています。

私ごとですが「住むなら城跡が良いな！」と前々から思っていたので、私は執筆現在、世田谷城の城跡とされる敷地内のどこかに住んでいます（笑）。

世田谷城の見どころ！

世田谷城址公園に残るお城の南東部分の土塁や空堀。この裏の住宅地にも土塁が残っている

世田谷城跡に建立された豪徳寺。2006年（平成18年）に建立された三重塔には猫の彫刻がなされている

城跡の豪徳寺に建立された大老の井伊直弼の墓。1860年（安政7）に「桜田門外の変」で暗殺された直弼は、井伊家の菩提寺である豪徳寺に埋葬された

豪徳寺に奉納された「招き猫」たち。大量にいるとちょっとコワい（笑）？　私も初詣に毎年行って招き猫をゲットしています

熊本城
〈くまもとじょう〉

まさに〃お菓子の家〃！ 食べられるお城!?

○創建：文明年間（一四六九～八七）
○現存：宇土櫓など櫓十一棟、不明門、長塀など
○再建：大天守、小天守、平櫓、本丸御殿大広間、飯田丸五階櫓など
○選定：日本100名城
○所在地：熊本県熊本市中央区
○アクセス：熊本市電熊本城・市役所前駅から徒歩10分

パラメーター	
防御力	5
映えレベル	4
知名度	5
アクセス	4
不屈力	10

手前が現存の宇土櫓。奥に見えるのが再建の大天守・小天守。〝武者返し〟と称される高石垣が見事！

◆猛将・加藤清正の名城

童話『ヘンゼルとグレーテル』に登場する、食べることができる〃お菓子の家〃。誰もが小さい頃に一度は耳にした物語かと思います。

そのお菓子の家みたいに食べられるといわれていたのが、加藤清正《かとうきよまさ》が築いたことで知られる熊本城です。

熊本城は、室町《むろまち》時代半《なか》ばの文明年間（一四六九～八七）に、肥後《ひご》（熊本県）の豪族・出田秀信《いでたひでのぶ》（肥後の守護《しゅご》・菊池家の一族）が茶臼山《ちゃうすやま》の東端に築いたのが始まりで、当初は「千葉城」と呼ばれていたといいます。現在も、熊本城の東には「千葉城町《まち》」という地名が残り、遺構はないものの千葉城の石碑が立てられています。また、晩年を熊本で過ごした剣豪の

宮本武蔵《みやもとむさし》が千葉城跡の一角に住んでいたといわれており、今は旧居跡の石碑や井戸跡などが残されています。その後、一四九六年（明応五）には、鹿子木親員《かのこぎちかかず》（菊池家の重臣）が千葉城と連なる茶臼山の西南の麓《ふもと》に新たに築城をしました。このお城を「隈本《くまもと》城」と呼んだそうです。

城親冬《じょうちかふゆ》（大友宗麟《おおともそうりん》の重臣）や佐々成政《さっさなりまさ》（織田信長《おだのぶなが》の側近。黒母衣衆《くろほろしゅう》の出身、豊臣秀吉政権で大名となるも肥後国人一揆が起きた責任を問われ切腹）たちの城主時代を経た後、一五八八年（天正十六）に新城主となった加藤清正が石垣や天守などの改築を始め、一五九一年（天正十九）からは千葉城と隈本城が建つ茶臼山の一帯に新たな城を築き始めました。

「朝鮮出兵（文禄・慶長の役）」や「関ヶ原の戦い」を経て、一六〇七年（慶長十二）に新城は完成、屈強なイメージのある〝熊〟の字を当てて「熊本城」と名付けられました。これが「熊本」という地名の始まりともされています。そして、熊本城が、食べられるお城となったのはこの時でした！

◆清正VS西郷――時空を超えた戦い

加藤清正には、「慶長の役」で蔚山《うるさん》城に籠城《ろうじょう》した際に、飲料水や兵糧《ひょうろう》が不足して非常に苦しんだという一種のトラウマがありました。

「二度とあの思いをしたくない！」とばかりに、城内には百二十ヶ所以上の井戸を設け、兵糧用に銀杏《いちょう》の木を植えました。これが別名「銀杏《ぎんなん》城」の由来となっています。

さらにそれだけでなく、城内の建物の土壁にはなんと、干瓢《かんぴょう》を塗り籠《こ》めて、畳には干した芋《いも》の茎を用いたといわれています。いざという時には、それらを城内の井戸水で戻して食料とし、銀杏で栄養をつけて、ツライ籠城戦を乗り切ろうと考えていたようです。壁や畳が食べられたという証拠はなく、言い伝えが残るのみですが、心配症の加藤清正ならありそうな話です。

しかし、清正が城主の時代も、その後の一六三二年（寛永九）から明治維新《いしん》にいたる細川家の時代にも、熊本城が戦場になることはなく、その真価が発揮される時が来たのは、築城から二百七十年後の一八七七年（明治十）でした。いわゆる「西南《せいなん》戦争」です！

この戦いにおいて政府軍およそ三千五百の兵が籠《こ》もる熊本城は、あの西郷隆盛《さいごうたかもり》が率いるおよそ一万三千の軍勢に激しく攻められますが、約五十日の籠城戦を耐え抜き、西郷軍を撃退します。

この時、兵糧や飲料水の心配がまったくなかったこともさることながら、加藤清正が築いた武者返しの石垣もその威力をいかんなく発揮したそうです。

熊本城を攻め落とせなかった西郷隆盛は次のように言ったと伝えられています。

「わしは官軍（政府軍）に負けたのではない。清正公に負けたのだ……」

時空を超えた名将の激突！　熊本城を語る上で、欠かすことのできない逸話です。

この戦いで焼失してしまった大天守や小天守、平櫓《ひらやぐら》などは、一九六〇年（昭和三十五）に築城三百五十年や熊本国体などを記念して再建。それ以降、飯田丸五階櫓や本丸御殿など多くの建築物が再建されていきました。

◆復興への道

しかしご存知の通り、二〇一六年（平成二十八）に起きた熊本地震によって、熊本城は多大な

熊本城の見どころ！

熊本城名物「二様の石垣」。加藤清正の石垣に細川氏が積み足したとされるが、最近ではどちらも清正のものという説も

清正がお手植えしたと伝わる本丸の大イチョウ。西南戦争で焼失するも、焼け残った根元から2代目が成長！

大天守の復旧が進み、2019年（令和元）10月に特別公開が始まった！（画像提供：熊本城総合事務所）

本丸御殿大広間の昭君之間。中国（漢）の悲劇の美女の王昭君を描いたとされるが、実は「将軍之間」の隠語で、豊臣秀頼を迎えようとしていたという説も！

被害を受けます。石垣の崩壊は五十ヶ所、全体の約三十パーセントに及ぶものでした。また、約百メートルにわたって長塀が倒壊し、東十八間櫓はその下の石垣ごと崩壊。再建された大天守や小天守、現存の宇土《うと》櫓も損壊しました。

飯田丸五階櫓の石垣は大きく崩れたにもかかわらず、隅石（角の石垣）のみで巨大な櫓を支え、〝奇跡の一本石垣〟として、多くの人々の記憶に深く刻まれました。

それだけの被害を被《こうむ》りながらも、地元の熊本の皆さんの強い想いを背景に修復が進み、大天守の外観の修復が完了。特別ルートで日時を限定して開放されました（中に入れるのは二〇二二年を予定）。

修復費用は約三百五十億円、完全な修復は二十年後を目指しているそうです。

二〇一九年（平成三十一）に入って「熊本城災害復旧支援金」が二十億円を超え、一回につき一万円以上寄付した人を「復興城主」に任命してくれる復興城主制度の寄付額も二十億円を突破したそうです。復興城主になると城主証が送られ、城彩苑のデジタル芳名板に城主名が映し出されます。

ちなみに、私も微力ながら寄付をさせていただき、難攻不落の熊本城の城主の一人となっています。

皆さんも、ともに不屈の名城の城主となろうではありませんか！

丹波亀山城

〈たんばかめやまじょう〉

○創建：一五七七年（天正五）
○現存：新御殿門（亀岡市立千代川小学校に移築）、新御殿玄関（保津五苗財団事務所に移築）
○再建：
○選定：
○所在地：京都府亀岡市荒塚町内丸
○アクセス：JR山陰本線亀岡駅から徒歩10分

パラメーター	
防御力	3
映えレベル	3
知名度	3
アクセス	3
大河バブル度	5

ダイナマイトで爆破！　明智光秀の城

丹波亀山城の積み直された天守台。下層３段ほどは破却を免れて現存したものだそう

◆光秀の死後、小早川秀秋が改築

ついに！　二〇二〇年のNHK大河ドラマ『麒麟《きりん》がくる』の主人公に明智光秀《あけちみつひで》が選ばれました。

私の好きな戦国武将ランキングベスト3に入る人物なので、個人的に非常に嬉《うれ》しいです。また、光秀役が私と同姓の長谷川博己《ひろき》さんなので、勝手に親近感を抱いています（笑）。

明智光秀ゆかりのお城だと、生誕地ともされる明智長山《ながやま》城（岐阜県可児《かに》市）、琵琶湖《びわこ》沿いの湖城・坂本城（滋賀県大津市）、城下町に神様として祀《まつ》られている御霊《ごりょう》神社を持つ福知山《ふくちやま》城（京都府福知山市）、そして、「本能寺《ほんのうじ》の変」の出陣地となった亀山城が有名です。おそらく大河ドラマにリンクして、登城者が増えることでしょう。

明智光秀は、織田信長《おだのぶなが》から丹波《たんば》や丹後《たんご》（京都府・兵庫県）の平定を命じられました。丹波亀山城は、その平定戦の中で重要拠点として、一五七七年（天正五）頃に築かれています。

光秀時代の丹波亀山城の全容は、謎《なぞ》に包まれている部分がほとんどですが、三層の天守や石垣を備え、これより十年以上後に北条《ほうじょう》家（小田原城の総構《そうがまえ》。83ページ参照）や豊臣秀吉《とよとみひでよし》（京都の御土居《おどい》）なども用いることになる「総構え」が造られています。

総構えとは、曲輪《くるわ》だけでなく城下町を取り囲むように土塁や堀をグルッとめぐらせた防衛ラインのことをいいます。

その後、明智光秀が「本能寺の変」の十一日後に討《う》ち死にすると、羽柴秀吉《はしばひでよし》は丹波亀山城を重要視して、城主に親類の羽柴秀勝《ひでかつ》（織田信長の四男。秀吉の養子）、豊臣秀勝（秀吉の甥《おい》。茶々《ちゃちゃ》の妹・江《ごう》の夫）を経て、一五九一年（天正十九）に小早川秀秋《こばやかわひであき》（秀吉の甥。毛利《もうり》家・小早川隆景《たかかげ》の養子）を城主としました。

小早川秀秋は、二の丸や三の丸の増築、天守を三層から五層に改築、未完成だった総構えの工事の継続（完成は「関ヶ原の戦い」後に城主となった北条氏勝《うじかつ》の時代といわれる）など、お城の改築を行いました。

ちなみに、小早川秀秋というと〝関ヶ原の戦いで裏切った！〟という悪いイメージが先行して〝ポンコツ武将〟という印象があるかと思いますが、実は築城の実績はありまして、丹波亀山城以外にも岡山城の改築を行っており、現在も小早川秀秋時代の高石垣が残されています。

◆政府の大弾圧で迎えた壮烈な〝最期〟

豊臣秀吉の死後は、徳川家康《とくがわいえやす》も丹波亀山城を重要視して天領（江戸幕府の直轄領）とした後、一六〇九年（慶長十四）に岡部長盛《おかべながもり》（今川家の家臣だった父・岡部正綱《まさつな》は、今川《いまがわ》家の人質だった徳川家康と幼馴染《おさななじみ》の間柄だったとも）を城主として、翌年から西国の大名を大量動員した「天下普請《てんかぶしん》」によって大改築を行いました。

縄張りは〝築城名人〟として知られる藤堂高虎《とうどうたかとら》が担当し、五層の天守が建てられました。

この天守は一八七七年（明治十）まで残り、当時の写真が残されています（次ページ参照）。ちなみに、この天守は藤堂高虎の居城だった今治城《いまばり》（128ページ）から移築されたともいわれています。

その後、亀山藩（伊勢《いせ》の亀山と同じ名前でややこしかったため一八六九年に「亀岡」に改称される）の政庁となり、城主は江戸時代半《なか》ばまでコロコロと変わりましたが、一七四八年（寛延元）以降は「形原松平家《かたのはらまつだいら》」（家祖の松平与副《ともすけ》は、徳川家康の五代前の松平親忠《ちかただ》の弟とされる）が明治維新《いしん》まで城主を務めました。

明治時代に入って、皇居や首都機能が東京に移ったため、丹波亀山城はその重要性が低下したこともあり、一八七七年に明治政府によって廃城が決定されました。

一八八九年（明治二十二）に建物や石垣は払い下げられました。その一部は、なんと線路に姿を変えたといいます。

その線路が敷かれているのは、現在、保津川《ほづがわ》の渓谷《けいこく》の絶景を楽しむことができる「トロッコ

丹波亀山城の見どころ！

刻印が残る石垣。天下普請だったため担当の大名家のマーク（刻印）が残されている

明智光秀のお手植えと伝わる大イチョウ。初代は枯れて今は二代目！ 石垣の上の大木がそう

1877年（明治10）まで残っていた天守。写真は1872年（明治5）に撮影されたもの

南郷公園として整備された広大な外堀・南郷池。攻められたら、北の保津川を堰き止め南郷池と合体させ、巨大な外堀とするプランだったとか

電車」（旧・京都鉄道）です。この線路の枕石や枕木に、石垣や木材が流用されているそうです。

それ以後、丹波亀山城は放置され荒廃していきますが、一九一九年（大正八）に宗教法人の大《おお》本《もと》が買い取り、整備を行い拠点としました。

しかし、影響力を強めていった大本は、政府から警戒視された結果、厳しい大弾圧を受けることとなります。

そして、一九三六年（昭和十一）に城跡に建てられた大本の宗教施設は、なんと千五百発ものダイナマイトによって、徹底的に破壊されてしまったのです。また、爆破で散乱した主要な石垣は、再利用できないように、日本海に捨てられたそうです。

その後、太平洋戦争が終結、城跡が大本に返却されると、信者によって石垣が積み直されるなど再整備が行われ、現在に至っています。積み直された天守台の東部分の下層三段ほどは、破壊を免《まぬか》れて現存した石垣だそうで、徳川家康による天下普請の痕《こん》跡《せき》を見ることができます。また、本丸の東部分にあたる場所に「万祥殿《ばんしょうでん》」という神殿が立っていますが、この東側には刻印のある石垣が現存し、南側には二の丸との間を隔てていた堀が残されています。

大本本部のみろく会館の総合受付で見学を申し込むと、復元された本丸の石垣の一部、パネル展示を見学することができます。

また、お城の北側を守る広大な水堀である「南郷池《なんごういけ》」も往年の姿をとどめています。現在は公園として整備されており、大河ドラマ効果もあってか、今年（二〇一九年）、新たに明智光秀の像が誕生しています。

ヘンテコ復元城——バルーン編

全国には、木造やコンクリート製とは一味違う、ちょっと変わった復元をしたお城があります。

「本格的な再建は予算的に無理だけど……それでも復元したい！」という、地元の方々のお城愛が溢《あふ》れるヘンテコな復元シリーズをご紹介！

お城のシンボルである天守や櫓を、なんと巨大なバルーンで復元したものです。

代表的なお城が、滋賀県甲賀《こうか》市の水口岡山《みなくちおかやま》城です。かつて存在した天守の構造などは不詳ですが、地元の有志の方々によって、まずはダンボールで再建された後に、二〇一四年（平成二十六）に高さ十一メートルのバルーンで再建されました。

また最近、バルーンの復元として話題となったのが、茨城県古河《こが》市の古河城です。二〇一八年（平成三十）に、明治時代初期の古写真に写っている御三階櫓《ごさんがいやぐら》（高さ約二十三メートル）を約二分の一の大きさで復元しました。

このようなバルーン天守&櫓の利点は、移動が簡単ということ！ 中でも、古河城の御三階櫓は、パシフィコ横浜で開催された「お城ＥＸＰＯ２０１８」をはじめ、様々なイベントに出陣中です。

史上初（？）の動く御三階櫓です！ どこかのお城イベントで、また会えるかも⁉

第二章

エンジョイ！お城は〝テーマパーク〟だ

明治時代以降、お城はいろんな目的で
使われるようになりました。
その中には、人々を楽しませるテーマパークに
姿を変えたお城も！
天守をジェットコースターが通過した城、
本丸に競輪場が造られた城、
天守台に観覧車がそびえた城などなど、
エンタメ性バツグンの城めぐりにご案内！

会津若松城

〈あいづわかまつじょう〉

○創建：一三八四年（至徳元）　○所在地：福島県会津若松市追手町
○現存：御三階、麟閣
○再建：天守、表門、干飯櫓、北走長屋、南走長屋
○アクセス：JR磐越西線会津若松駅からバス鶴ヶ城入口下車徒歩5分
○選定：日本100名城、日本さくら名所百選

パラメーター	
防御力	5
映えレベル	4
知名度	4
アクセス	3
ギャンブル度	5

本丸跡に東北地方初の競輪場が存在！

復元された天守、南走長屋、鉄門。松平容保は戊辰戦争の時に鉄門の2階で指揮を執ったらしい

◆大河ドラマの舞台にもなった東北の名城！

二〇一三年（平成二十五）のNHK大河ドラマ『八重《やえ》の桜』の舞台となった会津若松城！　私もドラマ放送中にお城を訪れ、城下の大河ドラマ館で会津の民芸品「起き上がり小法師《こぼし》」を色付けしたことを思い出します（笑）。

別名「鶴《つる》ヶ城」とも呼ばれる会津若松城は、戦国時代から幕末にかけて東北地方の重要拠点でした。戦国時代は蘆《あし》名《な》家の居城（当初の城名は東黒川館。黒川城とも）となり、蘆名家を滅ぼした伊達政宗《だてまさむね》が支配しますが、豊臣秀吉《とよとみひでよし》の天下統一プロジェクトの一環で没収。その後は蒲生氏郷《がもううじさと》が入城し、天守や石垣を備えた近世城郭へと大改築を行いました。

この時、蒲生氏郷は城下町の名前を「黒川」から「若松」

（氏郷の出身地・近江《おうみ》の日野にある「若松の森」が由来）に改名し、お城も鶴ヶ城（氏郷の幼名「鶴千代《つるちよ》」に由来）と呼ばれるようになりました。私がドラマ館で色付けをした起き上がり小法師や、これまた会津の民芸品である「赤べこ」は氏郷が会津の産業振興のために始めたといわれています。

その後、上杉景勝《うえすぎかげかつ》、蒲生秀行《ひでゆき》（氏郷の子）、加藤嘉明《かとうよしあき》、その子・明成《あきなり》らの城主時代を経て、保科正之《ほしなまさゆき》（江戸幕府三代将軍・徳川家光《とくがわいえみつ》の弟。会津松平《あいづまつだいら》家の祖）が入城すると、以降会津松平家が幕末まで城主を務めました。有名な城主には、幕末に京都守護職となり、新選組《しんせんぐみ》を預かった会津藩主・松平容保《かたもり》がいますね。

◆太平洋戦争後の財政難を救った競輪

会津若松城は「戊辰《ぼしん》戦争」において新政府軍の攻撃を受けて、約一ヶ月の籠城《ろうじょう》戦の末に開城。多くの砲撃を受けて天守は激しく傷ついたものの、倒壊することはありませんでした。一八七四年（明治七）に会津若松城は取り壊されたものの、史跡として保存されることとなります。

その後、一九六五年（昭和四十）に現在見られるような天守が復元されたのですが、実はそれ以前に会津若松城の本丸には、なんと〝東北地方初の競輪場〟である会津競輪場が設置されていたのです。

設置されたのは一九五〇年（昭和二十五）から十三年間。戦後の財政ピンチ打開策の一環として、一周三百三十三・三メートルのコースが造られていたそうです。城跡に競輪場が造られたのは他に松山《まつやま》城（240ページ。三の丸跡に松山競輪場）がありますが、本丸跡は会津若松城だけ！

会津若松城の見どころ！

二の丸から見た本丸の高石垣。高さは約20メートル！　個人的に超オススメのスポットで、紅葉もお見事！

阿弥陀寺に現存する御三階（入り口は表玄関の唐破風を移築）。境内には元新選組・斎藤一の墓も

1961年（昭和36）に撮られた航空写真。本丸にあった会津競輪場（画面右）は1958年（昭和33）に城外（現在鶴ヶ城体育館が建つ場所）に移転済み。再建の天守は1965年（昭和40）に完成するので、この時は天守台（画面左）のみ！（画像提供：産経新聞社）

広島城

〈ひろしまじょう〉

天守内を通過するジェットコースター!?

○創建：一五八九年（天正十七）
○現存：
○再建：天守、表御門、平櫓、太鼓櫓、多聞櫓など
○選定：日本100名城
○所在地：広島県広島市中区基町
○アクセス：JR山陽本線広島駅から徒歩25分。広島電鉄紙屋町東または紙屋町西から徒歩15分

パラメーター	
防御力	3
映えレベル	3
知名度	4
アクセス	3
市民の広島城愛	5

1958年（昭和33）に復元された天守。実は3代目！

◆毛利家の名城は、明治時代に日本の首都に!?

「毛利《もうり》」といえば、かつてNHK大河ドラマの主人公にもなった毛利元就《もとなり》が有名です。元就の居城は、山間部の山城である吉田《よしだ》郡山《こおりやま》城（広島県安芸高田《あきたかた》市）でした。その孫の毛利輝元《てるもと》は、主君である豊臣秀吉《とよとみひでよし》の大坂《おおさか》城や京都の聚楽第《じゅらくてい》を見学して、「吉田郡山城ではダメだ！」と、政治や経済の中心地となる新たな城郭を築くことを決意、秀吉の参謀《さんぼう》的な存在でもあった黒田官兵衛《くろだかんべえ》に協力を仰《あお》ぎながら、瀬戸内海に面した太田川の河口の三角州《さんかくす》を埋め立てて築いたのが広島城でした。

ちなみに〝広島〟という地名が誕生したのも、まさにこの時。「この一帯が広い島だったから」「元々の地名だったか

ら」「先祖の大江《おおえ》〝広《ひろ》〟元《もと》と、この地域の武将の福《ふく》〝島《しま》〟元長《もとなが》から取った」などといわれています。その後、福島正則《まさのり》が入城。「関ヶ原の戦い」で敗れた西軍の総大将だった輝元は長門《ながと》・周防《すおう》（山口県）に転封《てんぽう》となり、正則が勝手に石垣を修復した罪で改易《かいえき》された後は、『忠臣蔵』でおなじみの浅野内匠頭《あさのたくみのかみ》（長矩《ながのり》）の本家にあたる浅野家が城主を務めました。

一八九四年（明治二十七）になると、日本は日清戦争に突入します。その際に大本営となったのが、実は広島城でした。明治天皇や閣僚が広島入りして広島大本営《だいほんえい》と呼ばれた広島城で帝国議会が開かれます。こうして広島城と城下町一帯は、約二年間、臨時首都になったのです。本丸には広島大本営の石碑が立ち、礎石が残されています。

◆絵？　合成写真？　天守の中を走り抜けるジェットコースター！

広島東洋カープなどの由来になっている「鯉城《りじょう》」（城地一帯がかつて「己斐浦《こいうら》」と呼ばれていた）の別名を持つ広島城は、残念ながら、一九四五年（昭和二十）にアメリカ軍の原爆によって全壊しました。それから六年後、復興が進む中で国体が広島で開かれることとなります。その時に広島のシンボルとして木造で再建されたのが広島城の天守でした。そして、その天守内をなんと木製のジェットコースターが通過していたのです！　めちゃくちゃ楽しそう！

この再建天守は、国体後すぐに取り壊されてしまうのですが、一九五八年（昭和三十三）に復興のシンボルとして再び天守（コンクリート製）が建てられ、現在に至っています。

広島城の見どころ！

発掘調査をもとに再建された二の丸の御門橋・表御門と平櫓

1951年（昭和26年）の国体時に一時的に再建された天守をバックに疾走するジェットコースター！　正式名称は「スイッチバックレールウェイ」というそう（画像：広島城蔵）

本丸跡に残る「広島大本営跡」の土台と石碑。左奥には天守

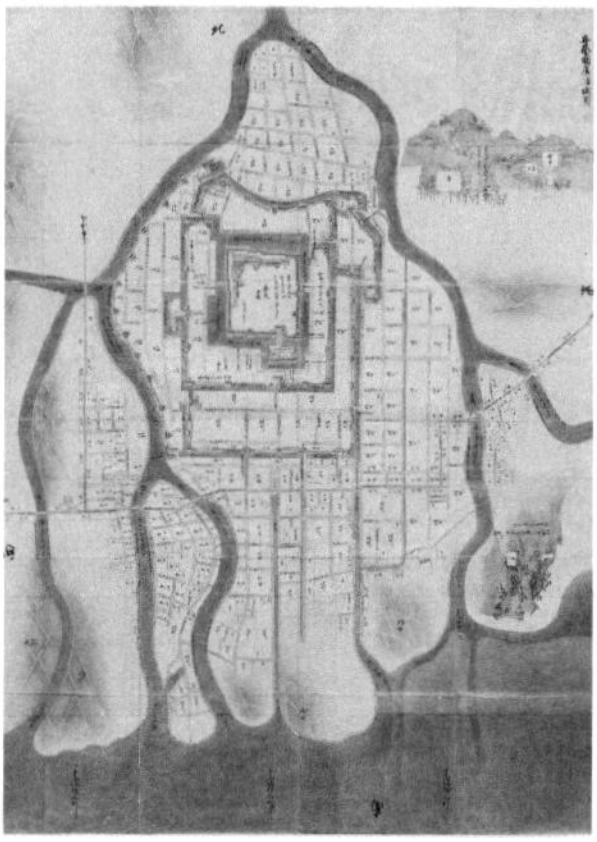

「安芸国広島城所絵図」（国立公文書館蔵『正保城絵図』より）。広島城周辺の三角州の地形がよくわかる。

最大幅約100メートルにも及ぶ広大な水堀。広島城の名物の一つ！

小田原城

〈おだわらじょう〉

天守台に建っていたのは天守ではなく観覧車

○創建：十五世紀半ば？
○現存：二の丸幸田門（須藤家に移築？）
○再建：天守、常盤木門、銅門、馬出門、二の丸隅櫓
○選定：日本100名城、日本さくら名所百選
○所在地：神奈川県小田原市城内
○アクセス：JR東海道本線小田原駅から徒歩10分

パラメーター	
防御力	5
映えレベル	4
知名度	4
アクセス	4
スケール	5

観覧車の後に再建された天守。2016年（平成28）に内部がリニューアル！

◆「戦国時代の始まりと終わりを見届けた」お城

小田原城は、元々は相模《さがみ》（神奈川県）に勢力を伸ばした大森家（駿河《するが》出身）が築いたお城ですが、小田原北条《ほうじょう》五代の初代にあたる北条早雲《そううん》（伊勢宗瑞《いせそうずい》）が攻め落とします。

その後、早雲は相模を統一、全国に先駆けて〝戦国大名〟となりました。早雲の跡を継いだ二代目の北条氏綱《うじつな》（「北条」と名乗ったのは氏綱から）は、本拠地を小田原城（早雲の本拠地は韮山《にらやま》城）として武蔵《むさし》（東京都）や下総《しもうさ》（千葉県）、駿河（静岡県）に進出をしました。北条家は三代・氏康《うじやす》、四代・氏政《うじまさ》、五代・氏直《うじなお》と続き、関東一円に勢力を伸ばしますが、一五九〇年（天正十八）の豊臣秀吉《とよとみひでよし》による「小田原征伐《せいばつ》」で滅亡。秀吉の天下統一により戦国時代は終焉《しゅうえん》を迎えたとされるの

で、小田原城はまさに〝戦国〟を見届けたお城なのです。

ちなみに、秀吉軍の襲来に備えて小田原城は城下町を取り囲む全長九キロメートルの総構《そうがまえ》（堀や土塁）を完成させ、当時最大級の城郭の規模になっています。その後、小田原城は江戸幕府の重臣である大久保《おおくぼ》家や稲葉《いなば》家によって、石垣や天守などを備えた近世城郭に大改築されました。

◆明治の荒廃を経て、戦後華麗に復元

北条氏康の時代に武田信玄《たけだしんげん》や上杉謙信《うえすぎけんしん》などの強敵を退《しりぞ》けた小田原城も、明治時代になって取り壊されてしまいました。残された石垣も一九二三年（大正十二）の関東大震災でほとんど崩れ、長い間放置されました（現在も崩壊した石垣が本丸周辺に残されている）。

荒廃した名城が復活するのは、市政十周年を迎えた一九五〇年（昭和二十五）のことです。この年、こども文化博覧会を小田原城で開催することになったため、町内会が石垣再建の募金活動を始め、最終的には小田原市が中心になって天守台の石垣が復元されました。

そして、その天守台に建てられたのは、天守……ではなくて観覧車でした！　写真が残されていますが、子供たちの歓声が聞こえてきそうです。

その後、今度は市政二十周年の記念事業として浮上したのが天守の再建でした。現存する天守の設計図や雛形《ひながた》などを基に再建計画は進み、ついに一九六〇年（昭和三十五）に完成しました。

天守の最上階からは、南に相模湾、東に房総半島が広がり、西には秀吉が小田原城を攻めた時に築いた石垣山城《いしがきやまじょう》（189ページ）を眺めることができます。

小田原城の見どころ！

1950年(昭和25)に天守台に建てられた観覧車。見張台としては機能しそう(笑)？（画像提供：小田原市立図書館)

小峯の大堀切(小峯御鐘ノ台大堀切東堀)。対秀吉軍のために増築した総構の一部。深さ10メートル以上！

二の丸の正門にあたる銅門(復元)。内仕切門、土塀、櫓門で形成されたいわゆる枡形門

天守から見た石垣山城。私は毎年、石垣山城で初日の出を見ています！

渋谷城
〈しぶやじょう〉

駅から徒歩五分！　都心のど真ん中のお城

○創建：十一世紀後半？
○現存：
○再建：
○選定：
○所在地：東京都渋谷区渋谷
○アクセス：ＪＲ山手線渋谷駅から徒歩5分

パラメーター	
防御力	2
映えレベル	2
知名度	1
アクセス	5
アーバン度	5

城跡に建つ金王八幡宮の社殿。1612年（慶長17年）に徳川家光の将軍就任を祈願した春日局と青山忠俊が造営！

◆城跡に創建された神社

渋谷駅の東口を出て、渋谷警察署の背後の坂道を登って行くと金王八幡宮《こんのうはちまんぐう》という神社が不意に現れます。実はこの高台一帯に、かつて渋谷城というお城があったのです！

東には鎌倉街道（現在の八幡通り）、西には渋谷川、北東には黒鍬谷《くろくわだに》（青山学院大学の西門付近）があった要衝《ようしょう》で、城内には湧《わ》き水が数ヶ所あったそうです。

城主は、城名と同じ名前の「渋谷家」。「渋谷」の苗字を初めて名乗ったとされるのは、源頼朝《みなもとのよりとも》に従って（平氏の出身だったので、頼朝が敗戦した「石橋山の戦い」では平氏方だったが後に許された）鎌倉幕府の創立に貢献した渋谷（庄司《しょうじ》）重国《しげくに》という人物です。

重国は渋谷庄《しぶやのしょう》（神奈川県大和《やまと》市渋谷周辺）を領地としたことから「渋谷」を名乗ったとされ、後に谷盛庄《やもりのしょう》（東京都渋谷区・港区周辺）に領地を拡大しました。そのため、谷盛庄も「渋谷」と呼ばれるようになり、現在の地名となっていったともいわれています。

ハッキリしたことはわかりませんが、渋谷城が築かれたのも、渋谷重国やその父や祖父の時代（平安時代末期）だったと思われます。

また、渋谷城と渋谷家の始まりには別の説もあります。渋谷重国の祖父である秩父武綱《ちちぶたけつな》（渋谷氏は秩父氏の一族）が「後三年の役《ごさんねんのえき》」で活躍したことで、源義家《よしいえ》（頼朝の高祖父）から河崎基家《かわさきもといえ》という名と谷盛庄を与えられたといいます。そして、合戦の勝利を記念して、一〇九二年（寛治六）に八幡宮が創建されたと伝わります。これが現在、城跡に建立《こんりゅう》されている金王八幡宮の始まりです。その後、跡を継いだ河崎重家《しげいえ》（基家の子）が天皇の御所に忍び込んだ、渋谷権介盛国《しぶやごんのすけもりくに》という盗賊を退治したことから、渋谷庄と盗賊の名だった「渋谷」を堀河《ほりかわ》天皇から賜り《たまわ》（なぜ盗賊の名を・笑）父が創建した八幡宮を中心にした渋谷城を居城としたともいいます。

情報がややゴチャっとしてしまいましたが、つまりは、渋谷城は平安時代末期から渋谷さんのお城だったということです！

◆地名の由来とその後

〝金王〟八幡宮の名も渋谷氏に由来しており、こんな伝説があります。。渋谷重家はなかなか跡取りが生まれなかったため、城内の八幡宮に祈願すると、金剛夜叉明王《こんごうやしゃみょうおう》（密教で悪をはらう仏法

渋谷城の見どころ！

國學院大学制作の復元・渋谷城のジオラマ。金王八幡宮の宝物館に展示されている

社殿の隣に立つ「金王桜」。源頼朝が渋谷金王丸を偲んで移植したという言い伝えが！

渋谷城の遺構とされる「砦の石」。社殿の脇に展示されている

金王八幡宮の境内に建つ「金王丸御影堂」。祭神は渋谷金王丸（土佐坊昌俊）であり、御影堂の中には保元の乱に出陣する時に、金王丸が母に遺した自分の姿の木像が納められている

の神）の力で子どもを授かりました。その子は、金剛夜叉明王から上下二文字をとって渋谷金王丸（常光）と名付けられます。渋谷金王丸は、はじめは源義朝《よしとも》（頼朝の父）に仕えますが、義朝が家臣の謀反《むほん》で暗殺されると、その菩提《ぼだい》を弔《とむら》うために出家して土佐坊昌俊《とさのぼうしょうしゅん》と名を改めました。

それから二十年以上経ち、源頼朝が対立した弟・義経《よしつね》の暗殺を謀《はか》った際、討《う》ち手を名乗り出る者がいませんでした。その時に進んで名乗り出たのが土佐坊昌俊でした。しかし、義経暗殺計画は反撃に遭《あ》って失敗。逃れた昌俊は捕らえられ、京都の六条河原《ろくじょうがわら》で晒《さら》し首にされました。この一件で、土佐坊昌俊こと渋谷金王丸は有名となり、金王八幡宮と呼ばれるようになったといいます。

しかし、「渋谷金王丸＝土佐坊昌俊」であることや、金王丸の実在を証明する一級史料は確認されていません（登場するのは軍記物『平治物語』）。が、伝承や物語で語り継がれているあたりがこれまた面白い！

その後、渋谷城は一五二四年（大永四）に北条氏綱《ほうじょううじつな》の攻撃を受けて落城し、渋谷家は滅亡したといいます。

ちなみに、金王八幡宮の主なご利益は三つ！

鎌倉街道などが通る交通の要衝《ようしょう》だったことから「交通安全」、八幡宮に祈願して渋谷金王丸が生まれたことから「子授け」、江戸時代初期に春日局《かすがのつぼね》（徳川家光《とくがわいえみつ》の乳母）と青山忠俊《あおやまただとし》（家光の守役）が家光の将軍就任を祈願してそれが実現したことから「出世」となっています。

あやかりたい方は渋谷城跡の金王八幡宮まで！

練馬城
〈ねりまじょう〉

○創建：十四世紀末
○現存：
○再建：
○選定：
○所在地：東京都練馬区向山
○アクセス：西武豊島線、都営地下鉄大江戸線豊島園駅から徒歩1分

パラメーター	
防御力	2
映えレベル	5
知名度	1
アクセス	5
レジャーラン度	5

遊園地「としまえん」は、かつてお城だった!

お城の中心部だったと思われる高台に建つウォータースライダー「ハイドロポリス」。まるで物見櫓!?

◆「練馬にあるのにとしまえん」の理由

一九二六年（大正十五）に開園し、現在も大人気の遊園地の「としまえん」ですが、実はここにはかつて練馬城というお城がありました。

鎌倉時代末期から南北朝時代の頃に、この地域一帯を治めていた豊島景村《としまかげむら》によって、石神井《しゃくじい》城（東京都練馬区）の支城として築城されたといいます。「練馬区にあるのに〝としまえん〟」という名前なのは、築城主の豊島景村に由来しています。

現在、城跡は遊園地や住宅地の開発によって遺構はほとんど失われているのですが、ところどころ宝探し感覚で遺構らしきものを発見できます。

城跡の南側には当時と同じように石神井川が流れていて、これを天然の外堀とした高台に築かれていたことがわかります。

としまえんの人気アトラクションにウォータースライダーの「ハイドロポリス」がありますが、周囲よりやや高くなっているこの付近が、練馬城の中心地だったようです。

また、としまえんを出て住宅地の中に向かうと「どんぶり坂」があります。住民泣かせの急角度の谷なのですが、ここが練馬城の堀跡だといわれています。谷の底には向山《こうやま》庭園がありますが、練馬城の堀の地形をそのまま利用して造られたといいます。

現地を散策して、初めて発見&体感できる……練馬城は、これが楽しい!

◆太田道灌に敗れて廃城!

結論から言いますと、城主だった豊島家は滅ぼされます。滅ぼしたのは、江戸城を築いたことで知られる太田道灌《おおたどうかん》でした。

一四七六年(文明八)に「長尾景春《ながおかげはる》の乱」という関東一円に広がる戦いが起きたのですが、太田道灌は長尾景春の鎮圧に奔走《ほんそう》します。それに対して、豊島家(当時の当主は豊島泰経《やすつね》)は長尾景春に協力し、石神井城や練馬城などで挙兵!

そのため、練馬城は太田道灌の攻撃を受けることになります。反撃に出た豊島家でしたが「江《え》古田原《こたはら》・沼袋《ぬまぶくろ》の戦い」で敗れて石神井城に敗走。練馬城は放置され、廃城になったといいます。

その後、石神井城も攻め落とされた豊島家は、太田道灌に追い詰められ滅亡しています。

練馬城の見どころ！

としまえんの南を流れる石神井川は天然の外堀！　上流には豊島家の本拠地の石神井城がある

としまえんの正門。かつて外堀となった崖の下だったと思われる。入園してすぐのウォータースライダーやプールがお城の中心部だったと想定される

城跡の南の住宅街にある「どんぶり坂」。堀跡の雰囲気がムンムン！

「どんぶり坂」の坂下にある向山庭園。堀跡をそのまま利用したらしい。日本庭園が美しい！

大洲城
〈おおずじょう〉

○創建：十四世紀前半
○現存：台所櫓、高欄櫓、南隅櫓、苧綿櫓
○再建：天守、多聞櫓
○選定：日本100名城
○所在地：愛媛県大洲市大洲
○アクセス：JR予讃線伊予大洲駅から徒歩25分、車で5分

パラメーター	
防御力	4
映えレベル	5
知名度	2
アクセス	2
花火フュージョン	5

ど迫力！ 天守の背後に花火が打ち上がる!!

復元天守を挟んで建つ高欄櫓（左）と台所櫓（右）。幕末に建てられた現存する櫓で、国の重要文化財！

◆市民の熱意で完成した日本一の木造復元天守！

愛媛県には「現存十二天守」を持つお城が二ヶ所、「日本100名城」のお城が五ヶ所もある名城の産地ですが、その中で全国的にも珍しい復元天守を持ち、日本100名城に数えられているお城が大洲城です。

歴史は古く、鎌倉時代末期に伊予《いよ》（愛媛県）の守護《しゅご》として派遣された宇都宮豊房《うつのみやとよふさ》が築城（当初の名は地蔵《じぞう》ヶ岳《たけ》城）し、安《あ》土桃山《づちももやま》時代には小早川隆景《こばやかわたかかげ》（毛利元就《もうりもとなり》の三男）などが城主となった後、一五九五年（文禄四）に藤堂高虎《とうどうたかとら》（多くの名城を手がけた〝築城名人〟）が入城し、近世城郭に大改築されました。その後、脇坂安治《わきざかやすはる》が入って天守が建てられるなど、さらに改築が進み、それまで「大津《おおづ》」と呼ばれていた地名が「大

洲」に改められたといいます。

明治時代に入ると、城内の建築物の多くが破却されていき、一八八八年（明治二十一）についに天守が解体されました。四つの櫓《やぐら》（台所櫓、高欄《こうらん》櫓、苧綿《おわた》櫓、三の丸南隅《すみ》櫓）は残ったものの、大洲城のシンボルである天守の復活を望む大洲市民の声が多く、一九九四年（平成六）に木造での復元プロジェクトがスタート。総額十三億円の内、市民からなんと総額五億円もの募金を受けて、二〇〇四年（平成十六）、十年かけて完成に至ったのです。大洲城には江戸時代の天守の雛形《ひながた》が現存し、明治時代に撮られた天守の写真などが残っていたため、木造での忠実な復元が可能だったのです。四層四階で高さは十九・一五メートル！ 復元された木造天守では日本一の高さを誇っています。

◆天然の外堀を眺めて殿様気分に

大洲市では毎年八月三日と四月に、大洲川まつり花火大会を開催していて、両日で約四千発の花火が打ち上げられます。復元された天守の背後に打ち上がる光景は、かなりの迫力です。

打ち上げ場所は大洲城の眼下を流れる肱川《ひじかわ》。大洲城の東から北を守る天然の外堀で、夏には「日本三大鵜飼《うかい》」（他は長良川《ながらがわ》と三隈川《みくまがわ》）に数えられている肱川の鵜飼を見ることもできます。

また、二〇二〇年から、この天守に殿様気分で宿泊することが可能になるようです。ただし、一泊の料金は百万円！ 殿様になるには、お金がかかる（笑）。

大洲城の見どころ！

大迫力の大洲川まつり花火大会。天守の背景に花火が咲き乱れる。こんな１枚、撮ってみたい！（画像提供：大洲市）

復元天守の内部。完成して10年以上経ってもヒノキの良い香りが

肱川と大洲城。肱川の橋梁を渡るＪＲ予讃線から見ると、これまた絶景！

上山城

〈かみのやまじょう〉

足湯に浸かりながら天守を眺められるお城

○創建：一五三五年（天文四）
○現存：
○再建：天守
○選定：
○所在地：山形県上山市元城内
○アクセス：JR奥羽本線かみのやま温泉駅から徒歩12分、または車で3分

パラメーター	
防御力	2
映えレベル	5
知名度	1
アクセス	2
冷えむくみ解消力	5

模擬天守とにぎわう「ふれあい足湯」。名湯の温泉街ならではの風景！（画像提供：一般社団法人上山市観光物産協会）

◆室町時代から温泉街として人気

東北には「奥羽三楽郷《おううさんらくきょう》」と呼ばれる三大温泉地があります。一つは東山《ひがしやま》温泉（福島県会津若松市）、一つは湯野浜《ゆのはま》温泉（山形県鶴岡市）、そしてもう一つが上山《かみのやま》温泉です。

上山温泉のスタートは一四五八年（長禄二）。肥前《ひぜん》（長崎県）出身の僧侶・月秀《げっしゅう》が偶然、温泉で脛《すね》の傷を癒《いや》している鶴を発見したことに始まると伝わります。そのため別名「鶴脛《つるはぎ》の湯」とも呼ばれてきました。

泉質は無色透明の弱アルカリ性、クセのないサラッとした湯ざわりで、赤ちゃんも入浴できるお肌に優しい〝美人の湯〟として知られています。

温泉街として室町《むろまち》時代から栄《さか》えていたこの地に築かれた

のが上山城です。この名湯の足湯が上山城跡に設置されており、なんと足湯に浸《つ》かりながら天守を見上げることができるのです。そんなお城は、おそらく日本唯一！

◆最上家改易後は城主が転々……

さて、上山城の築城年は一五三五年（天文四）で、上山家によって築かれたといわれています。上山家は、出羽《でわ》（山形県・秋田県）で屈指の力を持ち、最上八楯《もがみやつだて》（出羽の有力な勢力ベスト8）のリーダー的な存在だった天童《てんどう》家の一族です。

天童家は山形城主だった最上義光《もがみよしあき》（伊達政宗《だてまさむね》の伯父）と対立を深めたため、天童家の一族だった上山家（当時の当主は上山満兼《みつかね》）もそれに従って最上義光と戦います。しかし、一五八〇年（天正八）に上山家の家臣（里見民部《さとみみんぶ》）が義光と内通して、上山満兼を暗殺！　上山城も乗っ取られ、里見民部が城主となり、最上家の支配下となりました。

その後、江戸時代初期に最上家が改易《かいえき》となると「能見松平《のみまつだいら》家→蒲生《がもう》家→土岐《とき》家→金森《かなもり》家→藤《ふじ》井松平《いまつだいら》家」と幕末まで城主は転々としています。江戸時代には三層の天守や櫓門《やぐらもん》を持つ美しい城郭だったことから〝羽州《うしゅう》の名城〟と称されました。

現在、模擬《もぎ》天守（郷土歴史資料館）が建っているのはかつての二の丸で、本丸には藤井松平家（徳川家康の遠い親戚の家柄）の先祖である松平利長《としなが》と松平信一《のぶかず》が祀《まつ》られている月岡《つきおか》神社が建ち、周囲に櫓台や土塁、堀などを見ることができます。城下には武家屋敷が残っているので、散策して疲れたら足湯に浸かろう！♨

上山城の見どころ！

月岡神社と再建天守の間にある本丸の東門。ここに2層の櫓を備えた櫓門があったらしい

本丸跡の月岡神社。祭神は松平利長と松平信一。ちなみに上山城の別名は「月岡城」

雪景色の「ふれあい足湯」。写真を見ているだけでもホッコリしてくる！（画像提供：一般社団法人上山市観光物産協会）

二の丸の堀。ふれあい足湯から月岡公園の間に残る。深い！

山中城
〈やまなかじょう〉

「堀の形がワッフル!?」なお城

○創建：永禄年間（一五五八〜七〇）
○現存：
○再建：二ノ丸橋、本丸西
○選定：日本100名城
○所在地：静岡県三島市山中新田
○アクセス：JR東海道本線三島駅からバス山中城跡下車すぐ

パラメーター	
防御力	4
映えレベル	5
知名度	3
アクセス	2
ワッフル売上量	5

二の丸から見た元西櫓と西の丸。発掘調査を基に木橋が復元されている

◆美味しそう（?）な「障子堀」

お城の堀の形にも色々なデザインがありますが、中でも特殊な形をしているのが「障子堀《しょうじぼり》」です。堀の底を敵兵が自由に移動しないように仕切りを設けたデザインなのですが、これを多く備えた代表的なお城が山中城です。

障子堀に関して、「上から見たら障子の桟《さん》に似ているから障子堀」という解釈がよくされますが、これは誤解で、「障子＝仕切り」のことを指します。

北条《ほうじょう》家のお城に多く見られることから〝北条家特有の堀〟といわれることもありますが、実際には北条家以外のお城からも発見されています。

また、仕切りはあるもののワッフル状になっていない堀を

「畝堀《うねぼり》」と呼びますが、ややこしいので最近では畝堀という用語は使われず、一括して障子堀と呼ぶようになっています。

さて、北に広がる富士山と障子堀のコントラストは、実に絶景です（私は五回ほど登城経験がありますが、すべて曇りでした・泣）。また、ワッフルに似ているということから、お城好きの女性を中心に、「障子堀×ワッフル」の写真をSNSに投稿するプチブームも到来しました。そして、山中城跡案内所の売店で「障子堀ワッフル」が販売され、大人気となっています。

◆「小田原征伐」で壮絶な落城！

城内に東海道を取り込むように築かれた要衝《ようしょう》の山中城は、小田原城（82ページ）を本拠地とする北条家の三代当主・北条氏康《うじやす》によって、支城の一つとして造られました。その後、北条家は天下統一を推し進める豊臣秀吉《とよとみひでよし》と対立。北条家（当時の当主は五代・氏直《うじなお》、実権は四代・氏政《うじまさ》）は、秀吉が大軍で攻め込んでくることを想定して山中城を大改築します。

岱崎《だいさき》出丸や各所の堀を増築する工事に取り掛かるも、未完成のまま一五九〇年（天正十八）の秀吉による「小田原征伐《せいばつ》」を迎えます。同年三月「山中城の戦い」が起き、秀吉軍四万の大軍の攻撃を受けた山中城は、秀吉軍の大将の一柳直末《ひとつやなぎなおすえ》（黒田官兵衛《くろだかんべえ》の義弟）を討《う》ち取るなど奮戦しますが、わずか半日で壮絶に落城、その後、北条家の滅亡とともに廃城となったといいます。

三の丸に建つ宗閑寺《そうかんじ》には、秀吉軍の一柳直末、山中城を守った松田康長《まつだやすなが》や間宮康俊《まみやかすとし》（間宮海峡を発見した間宮林蔵《りんぞう》の先祖とも）などの墓が敵味方関係なく隣り合って立っています。ノーサイド！

山中城の見どころ！

障子堀ワッフルと障子堀と富士山。期間限定だったものが大人気のため常設販売に！（画像提供：三島市）

宗閑寺の武将たちの墓（上・一柳直末、下・松田康長や間宮康俊など）

岱崎出丸の障子堀。畝堀と呼ばれることもあるが最近は障子堀で統一傾向

intermission

城めぐり基礎用語集

お城の書籍や現地の案内板などには、
初見殺しのようなお城用語が
ゴロゴロと転がっています。
この本では、初心者の方にも伝わるように
解説したつもりですが、
それでもお城用語を使わないと
かえって理解しにくくなってしまう面もあります。
そこで「これだけ知っておけば〝お城〟を
充分楽しめる！」という言葉をまとめてみました。
実際に現地を訪れて、〝城攻め〟をする際の参考にもしてください！

⊙城めぐりの最重要ワード「縄張り」&「横矢掛」

縄張り　お城用語の「縄張り」とは、曲輪《くるわ》（本丸や二の丸など）や堀、石垣、城門などの「平面プラン」のことで、それを描いた図面「縄張り図」は、お城めぐりの必須アイテムです。縄張り図は様々な書籍にも掲載（特に郷土史系は豊富）されています。

また「国立国会図書館デジタルコレクション」では江戸時代に各地のお城の縄張りを描いた『日本古城絵図』などを、「国立公文書館デジタルアーカイブ」では一六四四年（正保元）に江戸幕府が諸藩に提出させた『正保城絵図』（城下町を含めた縄張り図）などを閲覧《えつらん》することができます。

現地に行かずとも、ネット上で擬似城めぐりもできるので、非常にオススメ。

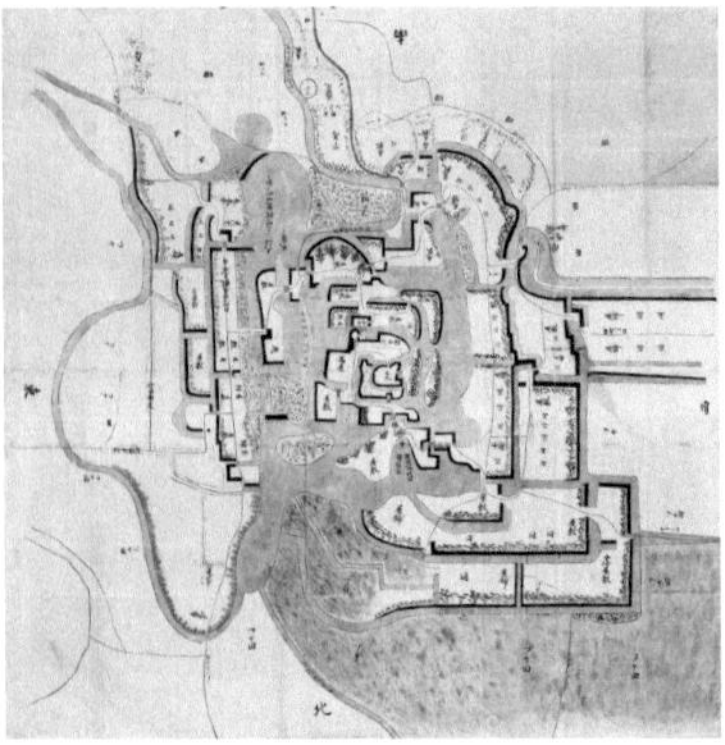

石田三成の水攻め時に、私の先祖が籠城していたっぽい忍城（埼玉県行田市）の縄張り図（『日本古城絵図』より「武州忍之城図」・国立国会図書館蔵）

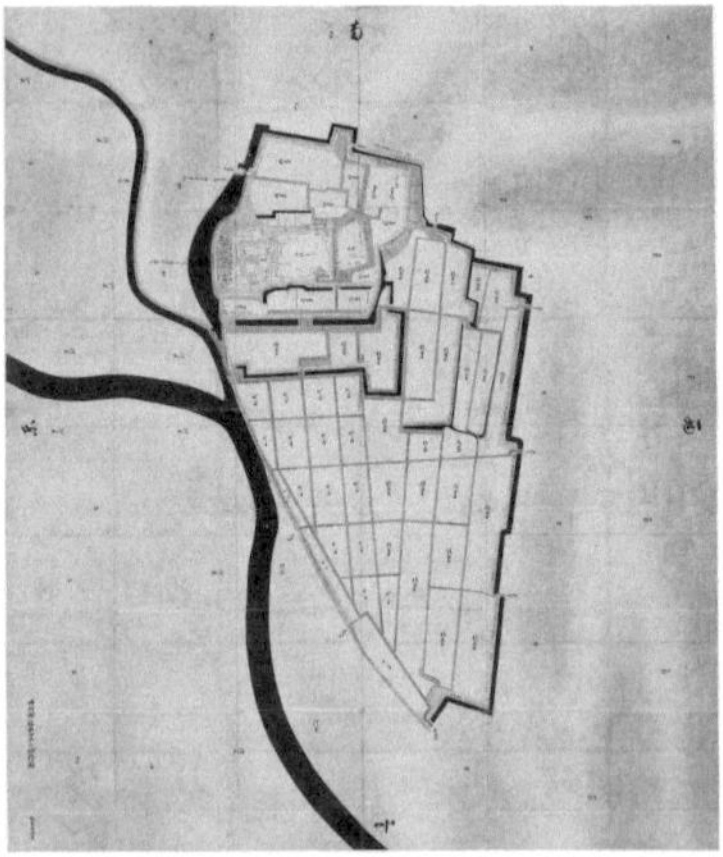

ついに大河ドラマの主人公になった明智光秀が築いた福知山城（京都府福知山市）の縄張り図（『正保城絵図』より「丹波国福知山平山城絵図」・国立公文書館蔵）

横矢掛《よこやがかり》　攻めてきた敵を城から攻撃する時、正面からの攻撃だけでは、死角も多く、敵も対処しやすくて攻撃の効率が悪いです。そのため、城には敵を横から攻撃をする横矢掛があらゆる所（枡形《ますがた》門〈111ページ〉もその一つ）に設置されています。これが縄張りの肝《きも》になります。

　縄張り図を見ながら、横矢掛を発見して「あ〜、あそこから横矢が掛かってんな〜」とめぐるのが、お城めぐりの醍醐味《だいごみ》の一つです。ちなみに、横矢を掛けるために石垣などを上から見ると屏風《びょうぶ》のように折り曲げることを「屏風折《おり》」といいます。

大阪城・二の丸の屏風折の石垣。横矢が掛かってるぅ〜！

⊙城めぐりすると登場するアレやコレや

曲輪　「本丸」や「二の丸」など、堀や石垣や土塁などで仕切られた城内の区画。「郭」「丸」とも。曲輪の名前も、櫓と同じく様々なパターンがあります。ちなみに、広大な山城である毛利《もうり》元就《もとなり》の居城の吉田郡山城《よしだこおりやま》（広島県安芸高田市）には、曲輪が合計で二百七十以上もありました。

「帯《おび》曲輪」「腰《こし》曲輪」　本丸など重要な曲輪の周りに一段低く帯（腰）のように配置。

「井戸曲輪」　曲輪の中に井戸が設置されている。

「人物名＋曲輪」　曲輪に屋敷を構えていた人物名に由来。

……などなど。

復元された篠山城・大書院で展示されているジオラマ（枡形虎口と角馬出の部分）。篠山城には三つの「角馬出」が設置されていて、現在も遺構がよく残っている

特殊な曲輪

「馬出《うまだし》」 虎口《こぐち》（入り口）を守るために設置された曲輪。上から見て四角いものを「角《かく》馬出」、丸いものを「丸馬出」と呼びます。

「出丸《でまる》」 城の弱点を補うために、城から離れるように独立して築かれた曲輪。

※「大坂冬の陣」で真田信繁《さなだのぶしげ》（幸村《ゆきむら》）が大坂城の東南の平野《ひらの》口に築いた有名な「真田丸」は、虎口を守る点では「馬出」ですが、大きな堀を隔《へだ》てている点を見れば「出丸」とも捉えられています。つまり、時々曖昧《あいまい》！

堀 敵の侵入を防ぐために、人工的に掘られた防御施設。水を引かれたものを「水堀《みずぼり》」、引かれていないものを「空堀《からぼり》」と呼びます。こちらもまた色々なパターンがあります。

「竪堀《たてぼり》」 斜面に対して縦《たて》にスッと下るように掘られた、山城に多く見られる堀。敵が斜面を自由に横移動させないようにするのが目的。

「横堀」 斜面に対して横にグルっとめぐらせた掘られた堀。敵が登りやすい緩《ゆる》い斜面に設置し、登りづらくするのが目的。

「障子《しょうじ》堀」 堀底を仕切るように設置した障害物となる土塁。敵が堀底を自由に移動させないようにするのが目的。「堀障子」「畝《うね》堀」とも。

「堀切《ほりきり》」　山の尾根を人工的にスパッと分断した大規模な堀のこと。

「切岸《きりぎし》」　山の斜面を人工的にスッと削り落とした崖《がけ》のこと。

……などなど。

杉山城（埼玉県比企郡嵐山町）の「横堀」。詳しくは41ページから

山中城（静岡県三島市）の「障子堀」。詳しくは98ページをどうぞ！

高天神城（静岡県掛川市）の「堀切」。徳川家康と武田信玄・勝頼が奪い合った山城。お城好きの中でもファンが多い

堀底のバリエーション

「箱堀」　断面が箱型の堀底。

「毛抜《けぬき》堀」　断面がU字型の堀底。毛抜きの道具に似ていることが由来。

「薬研《やげん》堀」　断面がV字型の堀底。薬を粉末にする薬研に似ていることが由来。

……などなど。

石垣　石垣の分類方法も色々ありますが、ここでは加工方法で分けた三つのバリエーションをご紹介！

「野面積《のづらづみ》」　自然石をそのまま積み上げる積み方。織田信長《おだのぶなが》の安土《あづち》城など、安土桃山《ももやま》時代はこの積み方がメイン。穴太衆《あのうしゅう》がそのほとんどを積んだといわれ、手掛けたものは「穴太積」とも呼ばれます。排水能力に長《た》けていますが、登りやすく高い石垣が築きづらいのが弱点。

「打込接《うちこみはぎ》」　積み石を加工して、石垣同士の隙間を減らした積み方。「野面積」よりも登りづらく、高い石垣を築くことができます。安土桃山時代末期から江戸時代初期に広まり、「切込接《きりこみはぎ》」よりも予算や手間がかからないので、日本の石垣の多くがこれ。

「切込接《きりこみはぎ》」　積み石を徹底的に加工して、石垣同士の隙間をなくした積み方。江戸時代初期以降に用いられました。予算や手間がかかるので、城の見せ場に限られて使われることが多いです。排水に問題があるので、石垣の間に排水口が設けられています。

安土城・天守台の「野面積」の石垣。穴太衆は全国のお城の石垣の8割以上を手掛けたとも

金沢城・石川門の「打込接」(左)と「切込接」(右)。金沢城は野面積もあるので「石垣の博物館」と称されている

⊙建物について

天守　城の中心地（本丸など）に建てられたもっとも高い建築物です！「天主」「殿主」「殿守」とも。合戦時に指揮を執《と》る場所として使用したり、櫓《やぐら》と同じく、物置や見張り、防衛施設の役割がありました。

城主が天守で暮らすことはなく、御殿を住居としました。（織田信長だけは安土城の天守に住んでいた記録が残っている！）。江戸時代以降に建てられて現存している天守は全国で十二基（現存十二天守）。ちなみに「天守閣《かく》」という用語は、江戸時代後期から明治時代初期から使われるようになった俗称です。

また、少しややこしくなりますが、再建された天守も次のように分類されています。

「復元天守」　史料に基づいて当時の姿を忠実に復元した天守。

〈木造復元天守〉　復元天守のうち、材料や工法も同じで内部も再現した天守（掛川《かけがわ》城、大洲《おおず》城〈92ページ〉など）。

〈外観復元天守〉　復元天守のうち、外観だけをほぼ復元してコンクリートなど現代の工法で再現した天守（岡山城、名古屋城〈32ページ〉など）。

「復興天守」　天守があったことは確実だが、デザインや位置などが当時のものとやや異なる天守（大阪城、小田原城〈82ページ〉など）。

「模擬《もぎ》天守」　史実では天守が存在していなかったのに建てられた天守、もしくは実際の姿や場所がまったく異なる天守（富山城、郡上八幡《ぐじょうはちまん》城など）。

岡山城の「外観復元天守」と旭川。1966年(昭和41)に鉄筋コンクリートで、空襲で焼失した天守を再建

掛川城の「木造復元天守」。1994年(平成6)に約11億円をかけて復元。地元の方々が募金で費用の多くを捻出、掛川市民の誇り！

富山城の「模擬天守」(富山市郷土博物館)。1954年(昭和29)に鉄筋コンクリートで再建。模擬天守だが、2004年(平成16)に国の登録有形文化財に登録

大阪城の「復興天守」。1931年(昭和6)に鉄筋コンクリートで再建。4層目まで徳川時代を、5層目は豊臣時代をイメージした天守となっている

櫓《やぐら》　城の重要な場所に建てられた高層建築物。「矢倉」「矢蔵」とも。弓矢や鉄砲、甲冑《かっちゅう》などの武具を入れておく倉庫（「矢倉」の語源とされる）であり、見張り台や敵を射撃する防御施設の役割もあります。二重の櫓が多いが、天守に匹敵するような三重の櫓も見られます。これは、江戸幕府に遠慮したり、天守の許可が下りなかったためだといわれています。また、「井桁《いげた》」（木で「井」の形に組んだもの）に組まれた簡易な櫓の「井楼《せいろう》」も、役割は櫓と同じと考えてOKです（第四章の逆井城《さかさいじょう》、高根城参照）。

櫓の名前にも、いろいろなバリエーションがあります。

「石垣や土塁の上に建つ長屋《ながや》の形をしたパターン」

例：「多聞櫓《たもんやぐら》」「多門櫓」（大和《やまと》〈奈良県〉の戦国大名の松永久秀《まつながひさひで》が多聞山城で初めて建てたことが由来とも）。

「設置した方角の名前を入れたパターン」

例：「艮　櫓《うしとらやぐら》」（艮＝北東）。

「移築前の城の名前を入れたパターン」

例：江戸城「伏見櫓《ふしみやぐら》」（京都の伏見城から移築したと伝わる）。

「櫓内や近くに置かれた道具や施設の名前を入れたパターン」

例：「太鼓櫓《たいこやぐら》」「井戸櫓」。

彦根城（233ページ）「佐和口多聞櫓」。石垣の上に長屋がめぐらされた多聞櫓のスタイル！　1771年（明和8）に再建されたものが現存

……などなど。

城門　お城には城門がたくさん設置されるパターンが多いですが、その中で正門にあたる城門を「大手門《おおてもん》（追手門）」と呼び、裏手にあたる城門を「搦手門《からめてもん》」と呼びます。そして、城門のデザインは大きく分けて四つあります。

「冠木《かぶき》門」　左右の柱に「横木」（冠木）を通した屋根のない門。防御能力は低いので、屋敷や曲輪などの仕切りの目的で使われました。

「薬医《やくい》門」　外から見える「本柱《ほんばしら》」（鏡柱）二本と、内側の「控柱《ひかえばしら》」二本と「屋根」一枚で構成されている門。平屋建て（一階建）の門の中でももっとも格式が高いとされています。医者の家の門に多かったことが名前の由来とも。

「高麗《こうらい》門」　薬医門と柱の作りは一緒（本柱と控柱）だが、控柱それぞれに屋根が付く門。豊臣秀吉の朝鮮出兵を経て誕生したため「高麗」（朝鮮半島にあった王朝名）の名が付いたとも。

「櫓門」　上の階に櫓を乗せた門。櫓には狭間《さま》や石落としなどを設けているものが多いです。

「枡形《ますがた》門」　城の重要な虎口（入り口）に設けられた「高麗門」と「櫓門」のセット。「枡形虎口」とも。外側に高麗門、内側に櫓門を設置するパターンがほとんどで、敵兵を直進させず、枡形内で包囲殲滅《せんめつ》させる防衛施設になっています。上から見ると四角い枡の形をしていることが名前の由来。

八王子城・御主殿に復元された「冠木門」。八王子城は前田利家・真田昌幸・上杉景勝らに攻められ壮絶に落城……

内側から見た膳所城の本丸大手門。本柱と控柱を一つの屋根で覆った「薬医門」のスタイル。膳所神社に移築されて現存

土浦城の前川口門。控柱にそれぞれ屋根がついた「高麗門」のスタイル。二の丸の入り口へ移築され現存

小田原城（82ページ）の銅門。門の上に櫓を載せた「櫓門」のスタイル。1997年（平成9）に復元！　ちなみに、飾り金具の銅が名前の由来

江戸城の外桜田門。外側の高麗門と内側の櫓門で組み合わされた「枡形門」のスタイル

狭間　天守や櫓、城壁などに設置されている敵兵を狙撃するための小窓。縦長の長方形は矢を放つための「矢狭間《やざま》」、それ以外の円形や正方形などは鉄砲を撃つための「鉄砲狭間」と分けられています。

石落とし　石垣や土塁を登ってくる敵兵を攻撃するための防御施設。天守や櫓、城門などに設置されました。石を落としたり、弓矢や鉄砲や槍、熱湯や糞尿《ふんにょう》などで攻撃したといいます。

松山城（240ページ）の大天守にある「狭間」と「石落とし」

◉よく使われるお城の分類ワード

山城《やまじろ》　山の頂上や中腹に築かれた城。争いが絶えなかった南北朝時代や戦国時代に多く築かれました。日本のお城のほとんどはコレ！

平山城《ひらやまじろ》　小高い山や丘に本丸を置き、その周囲の平地を使って築かれた城。安土桃山時代から江戸時代にかけて建てられた近世城郭に多く見られる。

平城《ひらじろ》　平野部に築かれた城。鎌倉時代の武士の「方形館《ほうけいやかた》」や室町時代の守護《しゅご》の館などがそう。また、戦乱が終わった江戸時代初期に政治経済の中心地とするため、徳川家康《とくがわいえやす》の天下普請によって築かれたものも多い。

水城《みずじろ》　海や湖に面している城。「海城《うみじろ》」もしくは「湖城《こじょう》」とも。それぞれ立地によって「平城・平山城・山城」にも分類される。

〝天空の城〟で有名な竹田城。標高353mの古城山（虎臥山）に築かれた典型的な「山城」

伊達政宗が築いた仙台城（青葉城）本丸、北東部分の石垣。山麓に二の丸や三の丸が広がる「平山城」。

徳川家康の隠居城として整備された駿府城。家康は「平城」を好んで築城した

⊙「城」の仲間たち

「城」は敵襲を防ぐために土塁や堀などで囲まれた防衛施設のこと。規模や形は違えど、同じ役割を果たすものもあります。大きく分けると「城」のカテゴリーに入る施設を表す用語には次のようなものがあります。

「環濠《かんごう》集落」「砦《とりで》」「城砦《じょうさい》」「館《やかた》」「城館《じょうかん》」「柵《き》（「さく」とも）」「台場《だいば》」「〜稜郭《りょうかく》」「要害《ようがい》」「要塞《ようさい》」などなど。

第三章

現代にアジャスト、〝マチナカ〟のお城たち！

江戸時代に町の中心となったお城の多くは、
明治時代以降にも都市の中心部として
機能し続けました。
堀底に電車が走る城、自衛隊が
守ってくれている城などなど、
街の風景に溶け込んでいる
少し風変わりなお城をご紹介！

水戸城

〈みとじょう〉

○創建：一一九三年（建久四）　○所在地：茨城県水戸市三の丸
○現存：薬医門、弘道館
○再建：大手門、二の丸隅櫓（復元中）　○アクセス：JR常磐線水戸駅から徒歩10分
○選定：日本100名城

パラメーター	
防御力	3
映えレベル	4
知名度	3
アクセス	3
紋所目に入れ度	5

堀底に電車、庭園には日本初のエレベーター!?

本丸と二の丸の間の大堀切。堀底に走るはJR水郡線

◆水戸黄門公のおひざもと

JR水戸駅の北口を出るとすぐに、見慣れた三人の銅像が立っています。諸国をめぐって悪を退治するドラマ『水戸《みと》黄門《こうもん》』でおなじみの「水戸黄門・助《すけ》さん格《かく》さん像」です！水戸黄門こと徳川光圀《とくがわみつくに》は、江戸幕府初代将軍・徳川家康《いえやす》の孫にあたる人物で、徳川御三家《ごさんけ》の水戸徳川家の二代目です。生誕地は水戸城の城下町で、誕生の地には光圀を祀《まつ》った水戸黄門神社が建てられています。

あと、水戸城というと、お城好きだけに留まらない観光スポットの大名庭園がありますね。〝日本三名園〟の一つである偕楽園《かいらくえん》です。こちらは水戸徳川家の九代目にあたる徳川斉昭《なりあき》（徳川慶喜《よしのぶ》の父）が造った広大な庭園で、園名は「古《いにしえ》

の人は民《たみ》と偕《とも》に楽しむ、故《ゆえ》に能《よ》く楽しむなり」という中国古典『孟子《もうし》』の一文に由来しています。

園内には約三千本の梅の木が植えられており、二月下旬から三月に行われる「水戸の梅まつり」は毎年大にぎわいです。ちなみに、斉昭が休憩所として園内に作った二層三階の好文亭《こうぶんてい》には配膳用の手動エレベーターが設置されていたのですが、これは日本初のエレベーターといわれます。一九四五年（昭和二十）に空襲で焼失しましたが、その後復元されています。

◆市民の生活に息づく遺構の数々

偕楽園の南には千波湖《せんばこ》という大きな湖が広がっています。この湖は水戸城の天然の外堀にあたり、水戸城の北にはこれまた天然の外堀である那珂川《なかがわ》が流れています。その間の丘の上に水戸城が築かれていて、本丸には水戸第一高校（校内に水戸城唯一の現存建築物の薬医門《やくいもん》がある）、二の丸には水戸第三高校や茨城大学教育学部附属小学校など、そして三の丸には三の丸小学校や水戸藩の日本最大級の藩校・弘道館《こうどうかん》（徳川斉昭が創立。国の特別史跡）が残されています。

江戸時代には天守の代わりに御三階櫓《おさんかいやぐら》が築かれていましたが、空襲で焼失。現在は城門の復元事業が進み、杉山門《すぎやまもん》や柵町坂下門《さくまちさかしたもん》、大手門《おおてもん》（二〇一九年九月に完成）が復元されました。天守も石垣もない土のお城なので〝地味〟な印象を抱かれるかもしれない水戸城ですが、水戸黄門ゆかりだったり、名園があったりと見所は多いです。個人的にオススメなのが本丸と二の丸の間にある、深さ二十メートルにもなる巨大な堀切《ほりきり》。その堀底にはなんとJR水郡線《すいぐんせん》が走っています！

本丸（水戸第一高校）に渡る本城橋から、その高さとイレギュラーな光景を見ることができます。

水戸城の見どころ！

水戸駅北口の水戸黄門助さん格さん像。ちなみに、助さん格さんのモデルとなった家臣は実在します！

水戸第一高校に残る薬医門。創建は水戸徳川家以前の安土桃山時代（城主は佐竹家）とも

水戸駅構内のサザコーヒーの「将軍珈琲」。再現したのは慶喜のひ孫の故・徳川慶朝氏

徳川斉昭が築いた偕楽園。面積は約300万㎡で都市公園ではニューヨークのセントラルパークに次いで世界2位の広さ！（画像提供：一般社団法人茨城県観光物産協会）

高松城
〈たかまつじょう〉

○創建：一五九〇年（天正十八）
○現存：月見櫓、水手御門、渡櫓、旧東の丸艮櫓、鞘橋など
○再建：
○選定：日本100名城
○所在地：香川県高松市玉藻町
○アクセス：JR予讃線高松駅から徒歩5分。高松琴平電鉄琴平線高松築港駅から徒歩2分

パラメーター	
防御力	3
映えレベル	4
知名度	3
アクセス	4
鯛のなつき具合	5

水堀をタイがスイスイ、堀跡には電車がガタンゴトン

現存する北の丸の櫓×門セット。左から月見櫓、水手御門、渡櫓。往時は海に面していた！

◆エサやりで〝鯛願成就〟⁉

「日本三大山城《やまじろ》」や「日本三大平城《ひらじろ》」など「日本三大○○城」というくくりがいくつかありますが、「日本三大水城《みずじろ》」に数えられているのが、瀬戸内海に面した高松城です（残りの二城は中津《なかつ》城〈48ページ〉と今治《いまばり》城〈128ページ〉）。

「水城」というのは、海や川に面したお城のことで、中でも海に面したお城は「海城《うみじろ》」とも呼ばれます。

高松城の水堀は、水門で瀬戸内海と繋《つな》がっているため百パーセント海水で、満潮《まんちょう》、干潮《かんちょう》と連動して水位が変化します。

その水堀にはタイがたくさん泳いでいて、なんとエサをやることができます。

とかー！

エサやり体験は〝鯛《たい》願成就〟と銘《めい》打たれていて、エサをやることで願いが叶《かな》うとか叶わないとか！

水城らしさは他にもありまして、それが北の丸にある現存の櫓《やぐら》×門のセット（月見《つきみ》櫓・水手《みずのて》御門《ごもん》・渡櫓《わたりやぐら》）です。今は埋め立てられてしまっているのですが、「水手」という名の通り、かつては海に面していて直接船を乗り降りすることができました。そのため、高松城の城主は参勤《さんきん》交代《こうたい》の際に、この水手御門から小舟に乗って出発していたといいます。

また、月見櫓の月見は「月を見る」ということではなく、城主の「船が着くのを見る」に由来しているそうです。

◆艮櫓の絶景ポイント

さて、そんな高松城の築城が始まったのは一五八八年（天正十六）のこと。四国を支配下に治めた豊臣秀吉《とよとみひでよし》から讃岐《さぬき》（香川県）を与えられた生駒親正《いこまちかまさ》が数年をかけて築きました。縄張りは黒田官兵衛《くろだかんべえ》だったともいわれています。

ちなみに、奈良時代に歌人の柿本人麻呂《かきのもとのひとまろ》が、讃岐の枕詞《まくらことば》に「玉藻《たまも》よし」と詠《よ》んだことに由来して、高松城が築かれた周辺の港が「玉藻の浦」と呼ばれていました。そのため、高松城は別名「玉藻城」ともいいます。

生駒家は、親正のひ孫の生駒高俊《たかとし》の代に「生駒騒動」（高俊が側近に美少年ばかりを選んで家中トラブルに……）という御家騒動を起こしてしまい、一六四〇年（寛永十七）に転封《てんぽう》になりました。

高松城の見どころ！

本丸の残る天守台。かつて、この上に高さ約24.5メートルの四国最大の天守が築かれていた！

現存の艮櫓と海水100パーセントの水堀と高松築港駅に向かう高松琴平電鉄琴平線

タイのエサやり体験「鯛願成就」。木箱に入れたエサが竹筒を通じて水堀へ！

本丸の天守台から見た鞘橋と高松築港駅、そして二の丸

その後、高松城主となったのが松平頼重《よりしげ》でした。この方は、徳川家康《とくがわいえやす》の孫で〝水戸黄門《みとこうもん》〟こと徳川光圀《みつくに》の兄にあたる人物です。松平頼重は高松城の改修や増築を行い、細川忠興《ほそかわただおき》が築いた小倉城《こくら》（福岡県北九州市）の天守をモデルにした三層五階の南蛮造《なんばんづくり》（上階が下階よりも出っ張っている造り。「唐造《からづくり》」とも）の天守を築きました。

高さは十三間半（約二十四・五メートル）あったといわれ、四国では最も高い天守でした。

高松城の天守は、一八八四年（明治十七）まで現存していたものの、老朽化のために取り壊されました。当時の古写真にも残され、現在は復元に向けた活動が活発化しています。二〇一六年（平成二十八）からは天守復元につながる重要な資料に、なんと三千万円の懸賞金がかけられています。まったく心当たりはありませんが、ひとまず実家の蔵を探し回ってみようと思います（笑）。

ちなみに、南蛮造の天守は他に、毛利《もうり》家の重臣・吉川広家《きっかわひろいえ》（吉川元春《もとはる》の子）が築いた岩国城《いわくに》（山口県岩国市）がありましたが、こちらも現存しておらず、後に再建されています。

また、明治維新まで高松城の城主を務めた松平家は栗林《りつりん》公園と呼ばれる広大な大名庭園を築き上げています。現在は国の特別名勝に指定されています。

高松城の現存建築物は、月見櫓・水手御門・渡櫓以外にもう一つありまして、それが旧東の丸の艮《うしとら》櫓です。この櫓が収まる風景は非常に独特！　周囲には水堀が広がり、その南側には高松琴平《ことひら》電鉄琴平線の線路が敷かれているのです。

線路は本丸と二の丸の西側の水堀を埋め立てて建てられた高松築港《たかまつちっこう》駅に繋がり、ホームからは本丸と二の丸の石垣や鞘橋《さやばし》（復元）を眺めることができます。

上田城
〈うえだじょう〉

櫓は遊郭、堀は電車のホームと野球場に！

○創建：一五八三年（天正十一）
○所在地：長野県上田市二の丸
○現存：南櫓、北櫓、西櫓
○アクセス：JR北陸新幹線上田駅から徒歩12分
○再建：本丸東虎口櫓門
○選定：日本100名城

パラメーター	
防御力	5
映えレベル	4
知名度	4
アクセス	4
真田愛	5

左から南櫓、東虎口櫓門、北櫓。櫓門をくぐる前に右手を見れば真田石がある！

◆徳川家の大軍を二度撃退！

二〇一六年（平成二十八）のNHK大河ドラマ『真田丸《さなだまる》』で一段と注目を浴びた真田家ですが、徳川家康《とくがわいえやす》の軍勢を二度撃退した真田のお城として知られるのが上田城です。

一五八二年（天正十）の「本能寺《ほんのうじ》の変」後、統治者がいなくなった信濃《しなの》（長野県）をめぐって徳川、北条《ほうじょう》、上杉《うえすぎ》が争い始めました。

この「天正壬午《てんしょうじんご》の乱」と呼ばれる動乱で、真田昌幸《まさゆき》は三つの大名家に従っては離れを繰り返して生き残りを図り、最終的には徳川家康に従います。

そして、家康の命令により、越後《えちご》（新潟県）の上杉景勝《かげかつ》対策として、一五八三年（天正十一）に築城されたのが上田城でした。

しかし、その二年後の一五八五年（天正十三）に、真田昌幸は徳川家康と対立、次男の真田信《のぶ》繁《しげ》（幸村《ゆきむら》）を人質として春日山《かすがやま》城に送って、上杉景勝に臣従。真田家の裏切りに怒った家康は討《とう》伐《ばつ》軍を上田城に送り込み、「第一次上田合戦」が勃発《ぼっぱつ》しました。

徳川軍は本丸の大手門《おおてもん》まで攻め寄せたものの、真田昌幸は伏兵で横槍《よこやり》を入れるなど徳川軍に奇襲をかけて逆転。さらに、支城の砥石《といし》城（登城がかなりハードな山城《やまじろ》！）に潜ませていた真田信《のぶ》幸《ゆき》（昌幸の長男）に、撤退する徳川軍の側面を突かせました。徳川軍の敗走ルートの途中にある神川《かんがわ》の増水もあって溺死《できし》する者も多く、真田昌幸は大勝利を収めました。

それから十五年後の一六〇〇年（慶長五）には、徳川秀忠《ひでただ》（家康の子）の率いる大軍が再び上田城に迫りました。

時は「関ヶ原の戦い」前夜、畿内では毛利輝元《もうりてるもと》を総大将として石田三成《いしだみつなり》や大谷吉継《おおたによしつぐ》などが、アンチ徳川家康勢力（いわゆる西軍）を糾合《きゅうごう》して挙兵。これを討《う》つために、家康は会津の上杉景勝の征伐《せいばつ》を中止して畿内に反転し、東海道を進みました。それに対して、徳川秀忠は中山道《なかせんどう》を西に進む中で、西軍に加担した真田昌幸と信繁が拠《よ》る上田城を制圧しようと「第二次上田合戦」が起きたのです。

秀忠軍が三万八千人だったのに対して、真田軍はなんとわずか三千人で防ぎ切ったといいます。

結局、徳川秀忠は上田城攻略をあきらめて西に進んだものの、「関ヶ原の戦い」に間に合わず、父の家康から激怒された逸話はよく知られています。

ちなみに、本丸に建つ真田神社は上田城が落城しなかった、すなわち、「落ちない」ということで受験生の人気スポットとなっています。

◆仙石さん「真田石って、なんだよ！」

上田城は、二度の大逆転の合戦が有名なことから真田家のイメージが強いのですが、現在残るような城郭に改築し、現存する櫓《やぐら》などを建築したのは仙石忠政《せんごくただまさ》（父は人気漫画『センゴク』の主人公・仙石秀久《ひでひさ》）という大名でした。

西軍についた真田昌幸は高野山《こうやさん》に蟄居《ちっきょ》させられ、上田城は徳川家によって破壊されます。その後、真田信幸（東軍に味方）が上田城を預かり再建を願い出ますが却下され、松代《まつしろ》（長野県長野市）に転封《てんぽう》となります。

この後に上田に入った仙石忠政が再建を許され、一六二六年（寛永三）から改修が行われました。ちなみに、復元された東虎口《こぐち》櫓門の脇に、真田信幸が父の形見として松代に運ぼうとしたが動かせなかったとされる「真田石」という巨石がありますが、これは、実は仙石忠政の再建時の石垣なので真田家とは関係ないようです。上田の方々の真田愛を感じる一方、仙石さんには同情してしまいます（笑）。

◆明治に入って意外な〝再利用〟

仙石忠政によって七つの櫓が築かれましたが、現存しているのは「北櫓」「南櫓」「西櫓」の三

上田城の見どころ！

二の丸と三の丸の間の堀。昭和に線路が引かれ、公園前駅（ホームが現存）があった！

芝生広場にかつて千曲川の分流の尼ヶ淵が流れていた。別名「尼ヶ淵城」の由来

本丸に建つ歴代城主を祀った真田神社。〝落ちない〟城なので受験生に人気

上田城の最寄り駅の上田駅前にある真田幸村の像。上田市の皆さんの真田愛は格別！

つです。この内、お城にずっと残されたのは西櫓だけで、東虎口櫓門の両脇にある北櫓と南櫓は一八七四年（明治七）に払い下げられ、意外な使われ方をされることになりました。北櫓と南櫓は城外に移築され、なんと遊廓として使用されたのです！

場所は、一八八二年（明治十五）にお城の八百メートルほど北に創業した「常磐《ときわぎ》城外村新屋」（「新地」と呼ばれた）という田んぼの中の遊廓街でした。二つの櫓は「金州楼」と「万豊楼」と呼ばれ営業をしていたものの、一九二九～三〇年（昭和四～五）頃に廃業となり、一九四九年（昭和二十四）に再び上田城に帰ってきました。

ちなみに、上田の遊廓の最寄り駅は、「上田花園」という駅でした。この駅は、一九二七年（昭和二）～七二年（昭和四十七）まで営業していた上田交通真田傍陽《そえひ》線の駅の一つなのですが、「上田」駅を出発して「上田花園」駅まで行く途中に、ある場所を通ります。

それが上田城の二の丸の堀底です。現在はけやき並木遊歩道が、堀跡であるとともに線路の跡で、二の丸に渡る橋の下には上田城への最寄り駅だった「公園前」駅のプラットホームが残されています。また、上田城の北西にある上田城跡公園野球場は、かつての二の丸の水堀をそのまままるっと球場として再利用しています。

真田（と仙石）の名城の名残《なごり》が街中に残されているので、縄張り図を持って歩くと実に面白いお城です。

今治城
〈いまばりじょう〉

水堀を守っているのはタイやエイ、フグにサメ!?

○創建：一六〇二年（慶長七）
○現存：城門（延命寺に移築）、城門（乗禅寺に移築）
○再建：天守、御金櫓、武具櫓、山里櫓、鉄御門など
○選定：日本100名城
○所在地：愛媛県今治市通町
○アクセス：JR予讃線今治駅から徒歩20分、またはバス今治城前下車すぐ

パラメーター	
防御力	3
映えレベル	4
知名度	3
アクセス	3
水族感	5

再建天守と藤堂高虎公の像。この組み合わせ……カッコいい！

◆「日本三大水城」の一つ

古くから伊予《いよ》（愛媛県）の中心地だったのが今治です。

政庁である「国府《こくふ》」や、聖武《しょうむ》天皇が各国に建立《こんりゅう》を命じた「国分寺《こくぶんじ》」「国分尼寺《こくぶんにじ》」が今治に置かれました。そのすぐ東に位置する瀬戸内海を見下ろす唐子山《からこやま》（標高百五メートル）には「国府《こくぶ》城」（国分山《こくぶやま》城、府中城とも）が置かれていました。

一六〇〇年（慶長五）の「関ヶ原の戦い」での功績で伊予の今治を与えられた〝築城名人〟こと藤堂高虎《とうどうたかとら》は、はじめは国府城に入りましたが、山頂にあって不便で城下町をうまく拡大できないことから、新たに平地にお城を築くこととしました。

それが「日本三大水城《みずじろ》」に数えられる「今治城」です。

一六〇二年（慶長七）に築城が始まったこの城は、国府城の石垣を流用して造られたといわれ、二年後には一旦の完成を見ました。

今治城が築かれたのは、瀬戸内海に面した平地（国府城から約五キロ北）で、それ以前は砂が吹き上げるような海浜だったことから、別名「吹揚城《ふきあげ》」と呼ばれています。本丸には別名を冠した吹揚神社が一八七二年（明治五）に建立《こんりゅう》されています。

藤堂高虎が一六〇九年（慶長十四）に伊勢の津城《つ》（三重県津市）に移封《いほう》となると、藤堂高吉《たかよし》（高虎の養子。丹羽長秀《にわながひで》の子）が城主に就任。一六三五年（寛永十二）からは松平定房《まつだいらさだふさ》（徳川家康《とくがわいえやす》の甥《おい》）が城主となり、幕末まで久松《ひさまつ》松平家の居城となりました。藤堂高虎と松平定房は、ともに吹揚神社の祭神となっています。

三重にめぐらされた水堀には海城らしく海水が引かれていることから、普段は海でしか見られない魚たちを見ることができます。

堀端にある「今治城の堀に見られる魚たち」という案内板によると、水堀で見られる魚は、スズキ・クロダイ・ボラ・サヨリ・コノシロ・コモンフグ・ヒラメ・ウマヅラハギなどだそうです。そして、ニュースでも報道されて話題となりましたが、エイやドチザメが水堀を泳いでいることさえあります。

同じく〝日本三大水城〟である高松城（119ページ）もタイが泳いでいますが、これだけ豊富なラインナップの魚たちが揃《そろ》っているのは今治城だけです。

◆謎の残る天守の存在

今治城は一八六九年（明治二）に廃城となり、その二年後には火災が発生。城内に残されていた火薬に引火して大爆発が起こり焼失した後、残った建物も取り壊され、自慢の水堀もほとんど埋め立てられてしまいました。

それでも、本丸と周りの水堀は残され、一九八〇年（昭和五十五）に天守や多聞櫓《たもんやぐら》、武具《ぶぐ》櫓などが再建。その後、御金《おかね》櫓や山里《やまざと》櫓が再建されていきました。

二〇〇四年（平成十六）に今治城の築城と今治の開町が四百年を迎えると、藤堂高虎の銅像が本丸に、二〇〇七年（平成十九）には鉄御門が建立されました。「藤堂高虎公像×天守」と「鉄御門×天守」のアングル最高ですよね！

ちなみに、今治城に天守があったかどうか、ハッキリとはわかっていません。一六〇九年（慶長十四）、藤堂高虎が今治城にあった天守を、縄張りを担当した丹波亀山城《たんばかめやまじょう》（69ページ。京都府亀岡市）に移築したと伝えられますが、実は今治城からは天守があった痕跡が発見されていないのです。そのため再建する際には、明治時代まで天守が現存し、写真が残る丹波亀山城の天守を参考にして建てられた（ただ千鳥破風《ちどりはふ》は丹波亀山城の天守にはない）そうです。

現在、今治城は日没後三十分後から午後十一時まで毎日ライトアップを行なっています。天守や櫓や城門などの建築物、藤堂高虎が手掛けた野面積《のづらづみ》の石垣、静々と広がる海水の水堀が照らし出されるさまは実に美しいです！

今治城の見どころ！

天守と櫓群。右から再建された天守、山里櫓、武具櫓。広大な水掘が見どころ！

天守から見た今治港と瀬戸内海。かつての海城の面影が残る

本丸の水掘の北側に位置する海水流入樋門。海と通じている水路！　ここから魚たちが泳いでくる

今治城の水堀を気持ち良さそうに泳ぐエイ（画像提供：朝日新聞社）

福井城

〈ふくいじょう〉

〝日本最強の県庁〟と化したお城！

○創建：一六〇六年（慶長十一）
○現存：
○再建：御廊下橋、山里口御門、舎人門
○選定：続日本100名城
○所在地：福井県福井市大手
○アクセス：JR北陸本線福井駅から徒歩5分

パラメーター	
防御力	4
映えレベル	3
知名度	3
アクセス	4
公務員の人数レベル	5

本丸の北西部分の石垣と水堀。この石垣の内側に天守台が残り、その内側が〝最強の県庁〟！

◆越前にそびえ立つ壮麗な城郭

福井県も〝名城の里〟ですね！「日本100名城」の一《いち》乗谷《じょうだに》城と現存十二天守を持つ丸岡《まるおか》城、「続日本100名城」には越前大野《えちぜんおおの》城と佐柿国吉《さがきくによし》城、そして福井城があります。

一六〇〇年（慶長五）の「関ヶ原の戦い」後、結城秀康《ゆうきひでやす》（徳川家康《いえやす》の次男）が越前《えちぜん》（福井県）に領地を与えられた翌年から築城がスタート、一六〇六年（慶長十一年）に完成したといいます。

この地には結城秀康が築城する以前に、柴田勝家《しばたかついえ》（織田信長《おだのぶなが》の重臣）が築いた北《きた》ノ庄《しょう》城があったため、当初はその名で呼ばれていました。

柴田勝家の北ノ庄城は一五七五年（天正三）に築城が開

始され、七層（九層とも）の天守を備えていた壮大な城郭だったといいます。しかし、一五八三年（天正十一）に羽柴秀吉《はしばひでよし》の軍勢に攻められ落城、柴田勝家と正室・お市《いち》（織田信長の妹）は自害、お城は焼失したといわれています。

最近まで文献や伝承でしか存在がわかっていなかった勝家時代のお城ですが、一九九三年（平成五）からの調査で、本丸跡と伝えられてきた柴田神社から当時のものと思われる石垣や堀が発掘されました。しかし、柴田勝家時代のお城の正確な位置は、まだ特定できていません。

その後、焼失したお城を整備して新たに築いたものが結城秀康の北ノ庄城というわけです。当時の城郭は、五重の水堀に地元の笏谷石《しゃくだにいし》が用いられた高石垣をめぐらせ、本丸には四層五階・約二十八メートル（天守台を含めると約三十七メートル）の天守がそびえた壮麗なものだったそうです。

一六二四年（寛永元）には松平忠昌《まつだいらただまさ》（結城秀康の次男。福井藩三代藩主）が、「北ノ庄の〝北〟は〝敗北〟に通じるから不吉だ！」と「福居《ふくい》」に改名（その後「福井」に）。新城名は、天守台の側に残る「福の井」に由来するとも、縁起が良い「福の居る場所」に由来するともいわれています。

その後、一六六九年（寛文九）に天守が大火で焼失したため、巽櫓《たつみやぐら》と坤櫓《ひつじさる》が改築され、天守の代わりにされました。天守はそれ以降、再建されることはありませんでした（予算不足とも、幕府に遠慮したとも）。現在、福井城の往年の姿は「福井城復元アプリ」で見ることができます。

◆ライバルは前橋城！　そのワケは？

明治時代に入ると廃城となり、水堀も本丸周りを除いてすべて埋められた福井城は、一九二三

福井城の見どころ！

2008年（平成20）に復元された御廊下橋と、2018年（平成30）に復元された山里口御門

「福井」の地名の由来とされる「福の井」。2017年（平成29）に整備されたて！

大手門である瓦御門の枡形にある結城秀康公の像。背後の福井県庁を敵兵から守る（ようなポジション）！

福井城の前身とされる北ノ庄城跡地に建つ柴田勝家像。県庁にほど近いこの地は、現在「柴田神社」となり、石垣や堀が修理復元されている。

年（大正十二）から「福井県庁」として使用されています。この県庁が、近年ＳＮＳを中心に〝日本最強の県庁〟として話題となっています。

確かに福井県庁は強いのです！　周りは幅五十メートルほどの水堀をめぐらせて火縄銃（有効射程距離は五十〜百メートル）に対処、切込接《きりこみはぎ》の石垣は容易に登ることはできませんし、仮に登ってくる敵兵がいても上から突き落とすことは容易です。さらに、虎口《こぐち》は瓦御門《かわらごもん》と北不明御門《きたあかずのごもん》と山里口御門の三ヶ所のみであるため、本丸への自由な出入りを防ぎ、敵兵が来ても天守よりも高層の県庁から眺めれば異変はすぐに察知できます。また有事の際には、県庁に隣接して福井県警察本部があるため対処はいくらでも可能となっているのです！　さながら〝城塞《じょうさい》都市〟です！

では、他の県庁はどうなのかと気になり調べてみたのですが、本丸以外を含む城跡と思われる場所に築かれている県庁は十三ヶ所（群馬・愛知・静岡・和歌山・山梨・岡山・広島・山口・島根・愛媛・高知・佐賀・大分）もありました。この内、防御力が一番高いと思われる本丸跡に建てられているのは群馬県庁がある前橋《まえばし》城のみでした。確かに、前橋城（当初の名は厩橋《まやばし》城）は〝関東七名城〟に名を連ね、徳川家康からは〝関東の華〟と称された名城です。県庁の北には土塁が残り、背後には〝坂東太郎《ばんどうたろう》〟の異名を持つ利根川《とねがわ》が天然の外堀となっています。

しかし、明治時代になって本丸御殿に県庁が置かれると、他の建物は取り壊され、堀のほとんどが埋められたので、県庁を東と南から守る防御施設はほとんどありません。よって防御力の高さでいえば、福井県庁が最強と結論づけたいと思います！

新発田城〈しばたじょう〉

城跡には駐屯地！〝リアル・戦国自衛隊〟!?

○創建：十三世紀初め？
○現存：旧二の丸隅櫓、本丸表門
○再建：三重櫓、辰巳櫓
○選定：日本100名城
○所在地：新潟県新発田市大手町
○アクセス：JR羽越本線新発田駅から徒歩20分

パラメーター	
防御力	3
映えレベル	3
知名度	2
アクセス	3
軍事力	5

再建された三重櫓。上から見ると屋根がT字型で、3匹の鯱が載っているのは新発田城だけ

◆名門上杉家と激闘の末に落城

城跡は現在、様々な目的で使用されていますが、中でも〝珍〟城跡となっているのが新発田城です。

築城の時期は不明ながら、鎌倉時代初期に佐々木盛綱《ささきもりつな》（源頼朝に協力して鎌倉幕府創立に貢献）が越後《えちご》（新潟県）に領地をもらった後に築城したと伝わります。

その後の城主は、佐々木盛綱の末裔《まつえい》にあたる新発田家が務めました。新発田家は越後の北部の豪族の「揚北衆《あがきたしゅう》」（名前の由来は「阿賀野川より北の地域」。「阿賀北衆」とも）の有力者で、守護《しゅご》（上杉《うえすぎ》家）や守護代《しゅごだい》（長尾《ながお》家）に度々反発して、越後の内乱の原因となっています。

中でも有名なのが、一五八一年（天正九）の「新発田重家《しげいえ》の乱」です。はじめは五十公野城《いじみの》（新発田市）の城主となり五十公野治長《はるなが》と名乗っていた新発田重家は、一五八〇年（天正八）に兄（新発田長敦《ながあつ》）が亡くなると、新発田家を継承します。

当初は越後国主の上杉景勝《かげかつ》に従っていた重家ですが、対立を深めてついに挙兵！　幾度《いくど》も上杉景勝を撃退したものの、一五八六年（天正十四）に上杉景勝が羽柴秀吉《はしばひでよし》に臣従すると、徐々に孤立し始め、残るは新発田城のみとなりました。そして翌年、新発田重家はお城を打って出ますが、討《う》ち死にし落城。新発田城は破却されました。

その後、一五九八年（慶長三）に上杉景勝が会津に転封《てんぽう》となると、新発田には溝口秀勝《みぞぐちひでかつ》（尾張出身。新発田藩初代藩主。城内に銅像）が入り、新・新発田城の築城を始め、溝口宣直《のぶなお》（秀勝の孫）が城主時の一六五四年（承応三）に完成しました。

◆日本唯一、独特なデザインの櫓

天守は建てられることはなく、代わりに三重櫓《やぐら》が建てられたのですが、この屋根が日本で唯一のデザインをしています。上から見ると、屋根が〝T〟の形をしていて、三匹の鯱《しゃちほこ》が載せられているのです。さらに、櫓の壁は「海鼠壁《なまこかべ》」と呼ばれる、瓦を張り並べて漆喰《しっくい》で固めたものになっています。これは壁の凍結を防ぐためのもので、寒冷地（お城だと他に金沢城など）や、防火対策が必須の土蔵などに用いられています。

一八七四年（明治七）に破却され、二〇〇四年（平成十六）に復元された三重櫓は、水堀越しに見ることはできるのですが、内部を見学することはできません。なぜかというと、建っている場

新発田城の見どころ！

左奥から現存の旧二の丸隅櫓、
表門、再建の辰巳櫓

現存の表門の中に展示されている本丸のジオラマ。三重櫓の屋根がT字型で3匹の鯱が載っていることよくわかる

辰巳櫓から望む新発田駐屯地。本丸と二の丸の跡地に自衛隊の基地が！

堀部安兵衛武庸像。『忠臣蔵』ファンならお馴染みの赤穂浪士の武闘派メンバー

所が陸上自衛隊の駐屯地《ちゅうとんち》（新発田駐屯地）となっているためです。かつて陸軍の基地が置かれた本丸と二の丸の跡地の多く（一部は新発田城址公園として整備されている）が自衛隊の基地となっていて、三重櫓と併《あわ》せて復元された辰巳櫓《たつみやぐら》から一望することができます。丸岡城（230ページ）と事情は異なりますが、新発田城もある意味〝リアル戦国自衛隊〟ですね（笑）。

本丸には旧二の丸隅《すみ》櫓が建っていますが、こちらは一六六八年（寛文八）の大火後に再建されたものです。元々は二の丸にありましたが、一九五九年（昭和三十四）から翌年にかけて移築されています。また、表門は一七三二年（享保十七）に再建されたものです。

その表門を出て水堀に架かる橋を渡ると「堀部安兵衛《ほりべやすべえ》（武庸《たけつね》）」の像があります。『忠臣蔵』ファンの方だったらお馴染《なじ》みの赤穂《あこう》四十七士の武闘派メンバーですが、実は新発田藩の出身で、浪人となった後に赤穂藩（兵庫県赤穂市）に仕えて、吉良上野介《きらこうずけのすけ》の襲撃に参加しています。

ちなみに、堀部安兵衛の母方の祖父（溝口盛政《もりまさ》）の先妻は築城主・溝口秀勝の娘でした。そのため、堀部安兵衛は溝口秀勝の曾孫《そうそん》ともいわれます。しかし、堀部安兵衛の母は、祖父と後妻との間に生まれているので、実際には溝口秀勝との血縁関係はないようです。

堀部安兵衛の像から南に一キロちょっと進むと、溝口家の大名庭園である清水園が残り、その道向かいには一八四二年（天保十三）に建てられた長さ約四十三メートルの新発田藩の足軽《あしがる》長屋も残されています。併《あわ》せてどうぞ！

ヘンテコ復元城——ハリボテ編

バルーンよりも以前に、全国の様々なところで見られた簡易な再建方法がハリボテ復元です！

山梨県甲府《こうふ》市の甲府城では、一九〇六年（明治三十九）に「一府九県連合　共進会」（東京府と近県で行う農産物や工業製品などの一般品評会）が開催された時に、華を添えるために二層のハリボテ天守が約一ヶ月だけ出現！

夜になるとライトアップされ、城下にはなぜかパリの凱旋門《がいせんもん》をイメージした正面ゲートも造られました（笑）。

静岡県浜松市の二俣《ふたまた》城は、天守があった記録はありませんが、二〇〇九年（平成二十一）の「国民文化祭・しずおか2009」に合わせて、天守台の上に「二俣一夜城」と称された二層の天守が誕生しています。

また、一六三七年（寛永十四）に天草四郎《あまくさしろう》を総大将とした「島原《しまばら》の乱」（島原天草一揆《いっき》）の一揆軍の拠点となったことで有名な原《はら》城では、毎年四月に当時の戦死者の供養と原城の顕彰をするために、「原城一揆まつり」が開催されています。そのお祭りのシンボルとして、手作りのハリボテの天守（高さ十五メートル）と城門が一夜城として復活します。

福岡県柳川《やながわ》市では、「柳川城天守閣再現プロジェクト」が行われており、柳川城の往年の姿をイメージしたハリボテの天守を期間限定で再現しています。

第四章

気分はお殿様？ 戦国へ〝タイムスリップ〟！

お城好きだったら、一度はきっと思うこと。
「あぁ……タイムトラベルしてみたい…！」
そんな夢を叶えてくれるのが、
歴史モノの映画やドラマのロケ地にも使われる
戦国時代の姿が復元されたお城たちなのです！

荒砥城〈あらとじょう〉

まさに「戦国」！ 信濃の古城

○創建：一五二四年（大永四）
○所在地：長野県千曲市大字上山田城山
○現存：
○再建：櫓、櫓門、館、兵舎、など
○アクセス：しなの鉄道線戸倉駅から車で10分
○選定：

パラメーター	
防御力	3
映えレベル	4
知名度	2
アクセス	2
タイムスリップ度	5

本郭の門から見た二の郭と城下。向かいの葛尾山に村上義清の居城・葛尾城があった

◆武田×上杉の争奪戦

長野県といえば善光寺《ぜんこうじ》が有名ですが、善光寺詣《まい》りの〝精《しょう》進《じん》落としの湯〟として昔から親しまれてきた戸倉上山田《とくらかみやまだ》温泉という温泉街があります。その温泉街を見下ろす小山に一五二四年（大永四）に築かれたのが荒砥城です。

築いたのは村上《むらかみ》家の一族にあたる山田《やまだ》家でした。村上家というと、戦国好きの間では村上義清《よしきよ》が有名ですね。信濃《しなの》（長野県）の豪族のリーダー的な存在で、信濃侵攻を目論《もくろ》んだ武田信玄《たけだしんげん》を二度撃破した名将ですが、結局は信玄に敗れて越後《えちご》（新潟県）の長尾景虎《ながおかげとら》（後の上杉謙信《うえすぎけんしん》）を頼り、援軍を仰《あお》ぎました。その結果、景虎が信濃に出陣、有名な「川中《かわなか》島《じま》の戦い」が五度にわたって繰り広げられたわけです。

荒砥城は村上一族のお城だったことから争奪戦が繰り広げられ、村上義清が越後に逃れると、荒砥城も武田信玄の手に落ち、武田家の屋代正国《やしろまさくに》に与えられました。

武田家滅亡後、屋代正国は、それまで敵だった上杉景勝《かげかつ》（謙信の後継者）に臣従して城主を継続します。しかし、上杉家と反《そ》りが合わなかったため、屋代正国は徳川家康《とくがわいえやす》に内通。これがバレて、一五八四年（天正十二）に上杉景勝に攻められた正国はお城に火を放ち逃亡、荒砥城は廃城となりました。

◆平成の復元プロジェクト

時はくだって一九六五年（昭和四十）、四の廓《くるわ》に善光寺の別院城泉山観音寺《じょうせんざんかんのんじ》が建てられ、二年後には本郭《ほんぐるわ》（一の郭）に観覧車や飛行塔、二の郭、三の郭には動物園や植物園などが造られたそうです。また、温泉街との行き来のためのロープウェイも造られ五の郭には城山駅（駅舎が現存）が設けられました。年間百万人の旅行客が訪れた時期もあったものの、徐々に人気は下降していき、一九九〇年（平成二）に、本郭、二の郭、三の郭までのレジャー施設が撤去されます。

そして、そこから荒砥城の戦国時代の復元プロジェクトがスタートし、一九九五年（平成七）に完成、千曲市城山《じょうやま》史跡公園としてオープンしました。本郭と二の郭には、館、城門、兵舎、櫓《やぐら》、板塀、柵、石積《いしづみ》などが復元され、まさに四百年以上前の山城に戻されたのです！

そのため、NHK大河ドラマのロケ地としても使用され、二〇〇七年（平成十九）の『風林火山《ふうりんかざん》』の武田晴信《はるのぶ》（信玄）の初陣のシーンでは「海ノ口城《うんのくちじょう》」として登場、二〇一〇年（平成二十二）

の『江《ごう》〜姫たちの戦国〜』では浅井《あざい》長政《ながまさ》の居城である小谷《おだに》城の落城シーンで登場しています。

そんな荒砥城を攻め終わったら、麓《ふもと》の戸倉上山田温泉で戦塵《せんじん》を落としてください。

荒砥城の見どころ！

本郭の門・柵・石積。この細道を通る時のワクワク感ったらない！

本郭の館・兵舎。派手な天守がないのが、また良い

二の郭の門。攻めるに難く、守るに易い

二の郭に再建された櫓。天守とは異なる、戦国時代の櫓の雰囲気が最高！

高根城〈たかねじょう〉

○創建：一四一四年（応永二十一）
○現存：
○再建：井楼櫓、大手門、搦手門
○選定：
○所在地：静岡県浜松市天竜区水窪町地頭方
○アクセス：JR飯田線向市場駅から徒歩20

パラメーター	
防御力	3
映えレベル	3
知名度	2
アクセス	1
タイムスリップ度	4

城めぐりをするにも「難攻不落」の名城

二の曲輪の方面から見た本曲輪。城門や土塀が復元されている

◆浜松にある隠れたる城

二〇一七年（平成二十九）のNHK大河ドラマ『おんな城主直虎《なおとら》』の主人公である井伊《いい》直虎の居城・井伊谷《いいのや》城のロケ地として使われたのが高根城です。

井伊家の本拠地だった井伊谷城は、かつての遠江《とおとうみ》の井伊谷、現在の静岡県浜松市にありますが、高根城もまた浜松市にあります。

私は、大河ドラマが放送される前に浜松城や井伊谷城など浜松周辺のお城めぐりをしようと思い、それと併《あわ》せて高根城も目指したのですが、これが遠い遠い（笑）！　浜松城から北に約五十キロ、レンタカーで二時間近くかかりました。

信濃《しなの》（長野県）と三河《みかわ》（愛知県）の国境《くにざかい》に近い場所にある

高根城は古くより、現在の長野県に塩を運ぶ〝塩の道〟として使われた秋葉《あきば》街道（現・国道152号）沿いにあります。秋葉街道は、南北朝時代には宗良《むねなが》親王（後醍醐《ごだいご》天皇の皇子）の勢力の軍用ルートとして、戦国時代には武田信玄《たけだしんげん》が遠江を攻める軍用ルートとして使用しています。

九頭合《くずごう》の山頂（標高四百二十メートル）に築かれ、麓《ふもと》には水窪川《みさくぼがわ》と河内川《こうちがわ》が合流して天然の外堀の役割を果たしています。

高根城は、一四一四年（応永二十一）に遠江の豪族・奥山定則《おくやまさだのり》（奥山家は井伊家の親戚。子孫は徳《とく》川家康《がわいえやす》の家臣となり、江戸時代は井伊家家臣に）が築城したといいます。

秋葉街道沿いは南朝（足利尊氏《あしかがたかうじ》が擁立《ようりつ》した北朝と対立）の勢力が優勢だったためこの高根城も、南朝に味方していた奥山定則が尹良《ゆきよし》親王（宗良親王の皇子。後醍醐天皇の孫）を守るために築いたといわれています。

水窪川の対岸には尹良親王の仮宮《かりみや》（仮の皇居）が設けられ、現在も大里《だいり》（天皇の御所である「内《だい》裏《り》」が由来）や小畑《おばた》（天皇の「御旗」が掲げられたことが由来）という地名が残されています。

◆武田信玄による徳川家攻略の拠点

戦国時代に入ると高根城は、今川・武田・徳川によって争奪戦が繰り広げられました。

駿河《するが》（静岡県）を拠点に高根城の方面まで勢力を伸ばしていた今川家ですが、一五六〇年（永禄三）の「桶狭間《おけはざま》の戦い」以降没落していき、遠江には武田家が勢力を伸ばしていきます。

そして、一五六九年（永禄十二）、武田信玄配下の遠山景直《とおやまかげなお》によって高根城は攻め落とされま

高根城の見どころ！

三の曲輪の南にある二重堀切。高さは約4メートル、幅は約29メートル！

本曲輪から長野県方面を望む。城下町が一望できる絶景スポット！　ベンチに座っているのは私

本曲輪の井楼櫓。登り降りのためにはハシゴを使っていたらしい

本曲輪に建つ高根城主の慰霊碑。築城主とされる奥山定則から、良茂・定之・貞益の四代の城主名が刻まれている

した。この時、城主の奥山貞益の妻・おかわ御前は幼子を連れて城下の池の平という場所に逃れたものの、幼子が泣き出して敵兵に見つかり、親子もろとも斬《き》られてしまいました。

この池の平は、七年に一度だけ水が湧《わ》いてくる不思議な場所なのですが、この地で斬られたおかわ御前の涙が溢《あふ》れ出るためだとも伝えられていて、遠州七不思議の一つに数えられています。

この落城後、武田信玄の遠江侵攻の重要な拠点として高根城は大改築が行われたと考えられています。

信玄は一五七二年（元亀三）に「三方ヶ原《みかたはら》の戦い」で、浜松城を拠点とする徳川家康に勝利を収めましたが、その翌年に死去。高根城はその後も武田家の支配下に置かれましたが、一五七五年（天正三）の「長篠《ながしの》の戦い」で武田勝頼《かつより》（信玄の子）が織田信長《おだのぶなが》と徳川家康の連合軍に大敗したことをきっかけに、翌年、遠江の武田家の勢力が徳川家康によって一掃されると、高根城は廃城にされたといいます。

それから四百年以上経った一九九三年（平成五）に〝中世の城〟として復元するための発掘調査が行われ、その調査をもとに、井楼櫓《せいろうやぐら》・主殿《しゅでん》・城門・二重堀切《ほりきり》などの復元が行われ、ついに二〇〇三年（平成十五）に武田信玄・勝頼の時代の山城がよみがえったのです。

そのアクセスの悪さゆえに、攻め難いですが、登城の価値は大いにあり！

足助城
〈あすけじょう〉

全国で初めて復元された〝戦国の山城〟

○創建：十五世紀後半？
○現存：
○再建：高櫓、西物見台、長屋、物見矢倉、厨など
○選定：
○所在地：愛知県豊田市足助町須沢
○アクセス：名鉄豊田線浄水駅からバス一の谷口下車徒歩40分。同東岡崎駅からバス香嵐渓一の谷口下車徒歩40分

パラメーター	
防御力	2
映えレベル	3
知名度	1
アクセス	1
タイムスリップ度	3

本丸に復元された高櫓と長屋。入り口には冠木門、周囲には柵がめぐらされている。良い雰囲気！

◆発掘調査でわかった〝新事実〟

紅葉の名所・香嵐渓《こうらんけい》を持つ足助《あすけ》の町。それを見下ろす真《ま》弓山《ゆみやま》（標高三百一メートル）に築かれた足助城（別名・真弓山城）は「全国で初めて復元された〝戦国の山城《やまじろ》〟」です！

この地域には、平安時代末期から室町《むろまち》時代のはじめ頃まで足助家という有力な豪族が勢力を張っていました。足助家は源氏の出身で、源《みなもとの》頼家《よりいえ》（源頼朝《よりとも》の長男。二代将軍）の妻の一人も足助家の出身で、後に源実朝《さねとも》（源頼朝の次男、頼家の弟。三代将軍）を鶴岡八幡宮《つるがおかはちまんぐう》で暗殺することになる公暁《くぎょう》を産んだともいわれています。

足助家は居城を飯盛山《いいもりやま》城（足助城から約一キロ西）とし、足助城をはじめとする七つの支城「足助七城」（「足助七屋敷」

とも）を築いたと伝わります。そのため足助城は、「足助家が築いた足助城」と考えられてきたのですが、発掘調査の結果、足助家が没落した十五世紀以降のお城であることがわかりました。足助家没落後にこの地域は三河鈴木《みかわすずき》家の勢力下となっていたので、現在では足助城は「三河鈴木家が築いたお城」といわれています。

◆徳川と武田の間で翻弄

戦国時代、三河鈴木家はかつて縁戚関係を結んでいた松平《まつだいら》家（後の徳川《とくがわ》家）に従属と離反を繰り返し、独自の勢力を保ちます。しかし、一五六四年（永禄七）に松平家康《いえやす》（後の徳川家康）に足助城を攻められると、三河鈴木家は人質を差し出して降伏、以降は松平家の家臣となりました。

ところが、一五七一年（元亀二）に武田信玄《たけだしんげん》が三河に侵攻すると、武田の大軍を前に足助城をはじめ周辺諸城は次々に落城し、一帯は武田家の支配下となります。

その二年後に武田信玄が亡くなると、徳川家康は足助城に軍勢を送り込んで奪還を果たし、再び三河鈴木家が城主となりました。一五九〇年（天正十八）に徳川家康が関東に転封《てんぽう》となった際に三河鈴木家も従ったため、足助城は廃城となっています。

一九九〇年（平成二）から行われた発掘調査に基づいて、そのタイミングで高櫓《たかやぐら》・長屋・物見矢倉・厨《くりや》・柵・城門・堀切《ほりきり》などの復元がスタート、一九九三年（平成五）に城跡公園足助城としてオープンしました。

その後、荒砥《あらと》城が一九九五年（平成七）、高根《たかね》城が二〇〇三年（平成十五）にそれぞれ開城しているので、足助城は〝日本で最初に復元された戦国時代の山城《やまじろ》〟となったのです。

ちなみに逆井城は、山城ではなく平城《ひらじろ》に分類されます。建築物は一九九二年（平成四）までに復元されているので、日本初の復元は〝山城だったら足助城〟〝平城だったら逆井城〟ということになるようです。

足助城の見どころ！

本丸から見た城下。足助宿は江戸時代に中山道の脇往還として栄え、塗籠造りの町並みは現在、国の重要伝統的建造物群保存地区に指定されている

本丸の南側の曲輪に復元された南物見台。本丸とは堀切で分断されている

本丸の西側の曲輪に復元された西物見台。岡崎や名古屋へ向かう街道を監視することができた

南の丸と本丸。南の丸には厨（台所や武士の寝床として使われたらしい）が2棟復元されている

この項、画像提供すべて株式会社三州足助公社

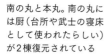

逆井城

〈さかさいじょう〉

大河ドラマに登場した〝戦国の平城〟

○創建：享徳年間（一四五二〜五五）
○現存：城門（関宿城から移築）
○再建：二層櫓、井楼矢倉、主殿、櫓門、木橋
○選定：
○所在地：茨城県坂東市逆井
○アクセス：つくばエクスプレス守谷駅からバス猿島バスターミナル下車徒歩35分。JR東北本線古河駅から車で40分

パラメーター	
防御力	3
映えレベル	3
知名度	2
アクセス	1
タイムスリップ度	3

復元された二層櫓と井楼矢倉。戦国末期・北条家の時代をイメージ！

◆北条家による北関東攻略の重要拠点

NHK大河ドラマ『真田丸《さなだまる》』で「海津《かいづ》城」として登場したのが今回紹介する逆井《さかさい》城です。ちなみに、実際の海津城は長野県長野市にあったお城で、後に松代《まつしろ》城と名を変え、江戸時代には真田家の居城となっています。

室町《むろまち》時代半《なか》ばの享徳年間（一四五二〜五五）に築かれたという逆井城の築城主は、祇園《ぎおん》城（「小山《おやま》城」とも。栃木県小山市）の城主・小山義政《よしまさ》（小山家は下野《しもつけ》の守護《しゅご》を務めた有力豪族）の子で、逆井の領地を与えられた逆井常宗《つねむね》とされます。

その後、逆井城は逆井常繁《つねしげ》（常宗の孫）が城主だった一五三六年（天文五）に、小田原城の北条《ほうじょう》家に攻められて落城、常繁も討《う》ち死にして、逆井家は滅亡しました。

現在、城跡には鐘掘池《かねほりいけ》（「鐘掘井戸」とも）が残されています。これは逆井城が落城する際に逆井常繁の正室（娘とも）の智姫《ともひめ》が逆井家に伝わる鐘を被《かぶ》って入水《じゅすい》自殺し、その後〝鐘を探し出すために何度も池を掘った〟ことに由来すると伝えられています。

北条家の支配下となった逆井城は、一五七七年（天正五）から北条氏繁《うじしげ》（北条家三代・北条氏康《うじやす》の娘婿《むこ》。北条綱成《つなしげ》の嫡男《ちゃくなん》）によって本格的に大改修が行われ、下野（栃木県）や常陸《ひたち》（茨城県）など北関東を攻略するための重要な拠点として使用されていきました。

◆復元された往時の姿

逆井城の北には飯沼《いいぬま》という超広大な池が広がっていました。江戸時代に干拓《かんたく》されて現在は水田になっているこの一帯は、かつて逆井城の天然の外堀となっていたのですが、その大きさは、なんと東西に約一キロ、南北に約三十キロもあったそうです！　そのため、逆井城は「飯沼城」とも呼ばれています。その後、一五九〇年（天正十八）に豊臣秀吉《とよとみひでよし》によって北条家が滅ぼされると、逆井城も役割を終えて廃城となりました。

そんな逆井城は一九八二年（昭和五十七）から発掘調査が行われ、復元プロジェクトがスタートし、主殿や庭園、二層櫓《やぐら》、井楼矢倉《せいろうやぐら》、櫓門など、戦国時代に関東の覇者となった北条家時代の逆井城が再現されています。ちなみに、私はＪＲ古河《こが》駅から向かったのですが、きちんと調べずタクシー代をケチって徒歩で向かってしまいまして、結局四時間ほどかかりました（笑）。道中で古河駅からの距離を測ったら約十四キロもありました……お気をつけあれ！

逆井城の見どころ！

水堀越しの逆井城。ＮＨＫ大河ドラマ『真田丸』で登場したシーンはこのアングル！

移築された関宿城門。関宿城（千葉県野田市）の城門だったとの言い伝え

一曲輪（本丸）に復元された櫓門。両脇の土塁、東二曲輪から掛かる木橋、その下の空堀が良い感じ！

東二曲輪の横矢掛。敵兵の横を攻撃するために出っ張った土塁。よく残っている！

第五章

〝知られざるお城のブラザーズ〟

幕末好きにはおなじみの星型要塞の「五稜郭」と、
世界遺産&京都旅行の
定番スポットである「二条城」には、
実は〝兄弟〟ともいうべきお城がありました。
さらに、陸奥（青森県・岩手県）には
「戸（へ）」と名の付く〝兄弟〟城も！

五稜郭
〈ごりょうかく〉

ブランド天然氷として販売されていた堀の水！

○創建：一八六六年（慶応二）
○現存：兵糧庫
○再建：奉行所、板庫、土蔵
○選定：日本100名城
○所在地：北海道函館市五稜郭町
○アクセス：JR函館本線函館駅から函館市電五稜郭公園前下車徒歩15分、またはバス五稜郭公園入口下車徒歩7分

パラメーター	
防御力	2
映えレベル	5
知名度	5
アクセス	3
稜堡の数	5

五稜郭タワーから見た五稜郭。手前の曲輪が1ヶ所だけ築かれた「半月堡」。星型が美しい！

◆建築思想がまったく異なる西洋式城郭

江戸時代後期になると外国船が日本の沿岸に出現し、一八五三年（嘉永六）にはペリーが率いるアメリカ艦隊が来航（「黒船来航」）、翌年には「日米和親条約」が結ばれました。この時に、二つの港が開かれています。一つは下田（静岡県下田市）、もう一つが箱館《はこだて》（「函館」と表記されるのは一八六九年以降）でした。

江戸幕府は外国との交渉のために箱館港の近くに奉行所《ぶぎょうしょ》（函館山の麓《ふもと》、現・元町公園あたり）を設置しました。しかし、これでは海に近すぎて「外国船の砲撃を受けることになったらひとたまりもない！」ということで、当初の奉行所から北東に約五キロ離れた内陸に新たに拠点を築くことになったの

です。これが現在残る五稜郭（はじめの城名は「亀田御役所土塁《おんやくしょ》」。地名が柳野《やなぎの》だったことから「柳野城」の別名も）です。

一八五七年（安政四）から築城が始まり、七年後に一旦完成、その二年後の一八六六年（慶応二）にすべての工事が終了しました。

隣接する高さ百七メートルの五稜郭タワーから眺めると、実に美しい星型をしています。桜の季節も雪の季節も最高ですよね。この星型の縄張りは「稜堡式《りょうほ》」といって、日本式の城郭ではなくヨーロッパ式（西洋式）の城郭です。早くから砲術戦が行われていたヨーロッパの城郭では、守るときに死角をなくして砲術を行える稜堡（星の先端部分、五稜郭には五ヶ所）を築き、周辺には土塁や石垣、水堀がめぐらされました。ちなみに、天守や櫓《やぐら》のような高層建築物は、敵の砲弾の的《まと》になってしまうため、築かれないのが普通でした。

また、五稜郭はそれぞれの稜堡の先に半月堡《はんげつほ》を築く予定だったのですが、お金がなかったので四ヶ所の工事は中止されて、結局一ヶ所だけ築かれています。

◆砲撃を受けない造りのはずが〝大誤算〟

五稜郭が日本史に大きく登場するのは、一八六八年（明治元）に起きた「戊辰《ぼしん》戦争」です。薩摩《さつま》藩や長州《ちょうしゅう》藩などが中心の新政府軍に敗走した旧幕府軍が、品川沖から船で北上、蝦夷《えぞ》地《ち》（後の北海道）に上陸し、五稜郭を占領します。そして明治政府に対抗して、榎本武揚《えのもとたけあき》を総裁、元・新選組《しんせんぐみ》の土方歳三《ひじかたとしぞう》を陸軍奉行並《ぶぎょうなみ》などに据えた箱館の新政権を樹立、いわゆる「蝦夷共和国」

五稜郭の見どころ！

復元された箱館奉行所。太鼓櫓が新政府軍の砲撃の的になってしまったとか……

明治時代に製氷が行われた水堀。当時の写真もたくさん残る

本塁と呼ばれる石垣。最上部の出っ張りは敵兵の侵入を防ぐ「はね出し」（「武者返し」「忍び返し」とも）

函館市内に整備された「一本木関門」。この付近で、土方歳三が腹部に銃弾を受けて討ち死にしたとされ、供養塔が建てられている

が誕生しました。

しかし、翌年には「箱館戦争（五稜郭の戦い）」が起き、明治政府の総攻撃によって周辺の台場《だいば》は陥落し、土方歳三も一本木関門《いっぽんぎかんもん》あたりで銃弾を受けて討《う》ち死にします。五稜郭も砲撃によって大損害を受け、ついに榎本武揚は降伏。「戊辰戦争」は終焉《しゅうえん》を迎えました。

砲撃を受けないために造られた五稜郭でしたが、中心に建てられた奉行所に高さ約十六・五メートルの太鼓櫓《たいこやぐら》を設置してしまったため、それが新政府軍の砲撃の格好の的となってしまい、開城へと繋《つな》がってしまったそうです。五稜郭の軍勢も「太鼓櫓が的になっている！」と気付き、慌《あわ》てて切り倒したそうですが、すでに砲撃の照準が合ってしまっていたため、あまり意味はなかったようです。その曰《いわ》く付きの奉行所は二〇一〇年（平成二十二）に忠実に復元されています。

五稜郭はその後、役所などとして使用されることはなかったのですが、意外な使われ方をしました。それが「天然氷」の製氷所です。そのプロジェクトを進めたのが、三河《みかわ》（愛知県）出身の中川嘉兵衛《なかがわかへえ》という実業家でした。富士山麓《さんろく》や日光、青森などで製氷業に挑戦するものの、うまくいかず、最終的には蝦夷地に渡り、五稜郭に目をつけます。

そして、箱館戦争が終焉した翌年の一八七〇年（明治三）には、五稜郭の水堀で作った天然氷の輸出販売に成功！「函館氷」や「五稜郭氷」という名のブランド氷となり、明治初期に浸透し始めた牛肉や牛乳の保存や、医療などに使われ、西洋文化の普及や日本の近代化に大きく貢献することとなりました。意外や意外！

五稜郭の仲間たち

「三」も「四」も「七」もあった!?

北海道には「五稜郭《ごりょうかく》」の〝兄弟〟ともいえるお城たちがいました。その名も「三《さん》稜郭」「四《し》稜郭」「七《しち》稜郭」！　幕末に誕生した西洋式の城郭の旅に出発！

◆突貫工事で造られた四稜郭と七稜郭

五稜郭が築かれる時、江戸幕府は鬼門の方角である北東の守護《しゅご》として徳川家康《とくがわいえやす》を祀《まつ》る東照宮《とうしょうぐう》（「函館《はこだて》神社」「蝦夷《えぞ》日光」とも）を建立《こんりゅう》しました。

一八六八年（明治元）に蝦夷共和国が誕生すると、新政府軍からの東照宮への攻撃を防ぐために、東照宮の北東約一キロの高台に支城を築きました。それが「四稜郭」です。その名の通り、稜堡《りょうほ》を四ヶ所に設けた稜堡式の城郭で、大きさは東西約百メートル×南北約七十メートル、その周りに土塁と堀がめぐらされています。築城当時は「新台場《だいば》」や「神山台場」などと呼ばれました。

縄張りは蝦夷共和国の陸軍奉行《ぶぎょう》・大鳥圭介《おおとりけいすけ》、もしくは江戸幕府の軍隊の近代化を進めたフランス陸軍教官のジュール・ブリュネだったといわれています。郭内の面積は約二千三百㎡で、五稜郭（十二万五千五百㎡）に比べると五十五分の一ほどしかない小規模なお城でした。

一八六九年（明治二）の四月下旬からわずか数日の突貫《とっかん》工事で完成しましたが、その直後の五月十一日未明に新政府軍の攻撃を受けます。四稜郭の軍勢は砲撃で抵抗したものの、周辺の台場が次々と落とされたため四稜郭を捨てて五稜郭に逃れました。

こうして四稜郭は落城！　四稜郭と同じく砲台が置かれ「権現台場」とも呼ばれた東照宮も新政府軍によって放火され社殿は焼失しました。

その後、大鳥居のみ残された東照宮の跡地には神山稲荷《かみやまいなり》神社が建てられ、東照宮は別の場所に再建されました。一九九一年（平成三）に陣川町《じんかわちょう》に移転され「北海道東照宮」と改称し現在に至っています。

ちなみに、四稜郭は音楽バンド・GLAYのメンバーが小さい頃に遊んでいた場所らしく、GLAYファンには聖地としても知られているようです。

五稜郭から北に約二十キロの台場山（標高三百四十九メートル）に四稜郭などと同時期に築かれた支城が通称「七稜郭」です。オフィシャルには、「峠下台場《とうげしたたいば》」や「七飯《ななえ》台場」などと呼ばれる七稜郭は、稜堡を七ヶ所設けた稜堡式の城郭です。品川沖から蝦夷地に向かった榎本武揚《えのもとたけあき》率いる旧幕府軍は、一八六八年（明治元）十月二十日に鷲ノ木《わしのき》（北海道森町鷲ノ木村）に上陸（跡地には榎本軍鷲ノ木上陸跡の記念碑や慰霊碑が建つ）して、約四十キロ南にある函館の五稜郭を目指しました。十月二十二日に南下する旧幕府軍を新政府軍が攻撃し「箱館戦争」が勃発《ぼっぱつ》。その跡地である七飯町には箱館戦争勃発の地碑や新政府軍の戦死者のお墓が建てられています。

七稜郭は、この戦いが起きた翌十一月に、上陸の地（鷲ノ木）から箱館を結ぶ主要な街道沿いに、わずか三日間で急造されたといいます。築城の指揮は、四稜郭を設計したとされるフランス陸軍の教官のジュール・ブリュネだといわれています。面積は約三百㎡と小規模で、砲台を据えるためのスロープや、高さ約一・五メートルの土塁が良い保存状態で残されているそうです。

◆「幻」の三稜郭

五稜郭の仲間たちの中で、謎《なぞ》に包まれているのが「三稜郭」です。

この稜堡式の城郭は「箱館戦争」の際に榎本武揚が総裁を務める蝦夷共和国が砲台として築いたとされる、正式には「桔梗《ききょう》台場」と呼ばれる砲台場です。実在や跡地が特定できていない非常にミステリアスな台場ですが、五稜郭から北西約四キロにある比遅里《ひちり》神社がその跡地ではないかといわれています。

また、比遅里神社から約五百メートル北にある宝皇寺《ほうおうじ》も、その候補地に挙げられています。どちらも現在国道5号線沿いにある要衝《ようしょう》に位置しています。稜堡式の城郭は死角をなくして砲撃するために築かれたものなので、稜堡が三ヶ所である三稜郭（史料によっては四稜郭になっているものもある……謎です）がどれほど機能したかはわかりません。

一八六九年（明治二）五月一日に築かれたという三稜郭は、四稜郭が落城した五月十一日に新政府軍の長州《ちょうしゅう》藩と松前《まつまえ》藩、津軽《つがる》藩の軍勢に落とされたといいます。

四稜郭

○所在地：北海道函館市陣川町
○アクセス：ＪＲ函館本線函館駅から
　バス四稜郭下車徒歩１分

パラメーター	
防御力	2
映えレベル	2
知名度	2
アクセス	2
稜堡の数	4

四稜郭上空写真。蝶が羽ばたいているような美しさ！（画像提供：函館市教育委員会）

七稜郭

○所在地：北海道亀田郡七飯町峠下
○アクセス：ＪＲ函館本線仁山駅から徒歩40分の「峠下古戦場跡の石碑」（七飯発電所の近く）から登山道に入り１時間

パラメーター	
防御力	2
映えレベル	1
知名度	1
アクセス	1
稜堡の数	7

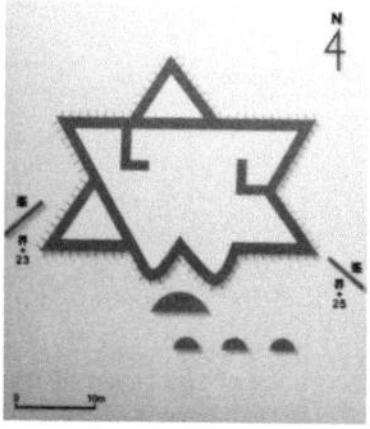

七稜郭の縄張り図（画像提供：七飯町歴史館）

三稜郭

○所在地：北海道函館市桔梗
○アクセス：ＪＲ函館本線五稜郭駅、
　同桔梗駅から徒歩30分

パラメーター	
防御力	1
映えレベル	1
知名度	1
アクセス	2
稜堡の数	3

三稜郭と推定される比遅里神社。上空から見ると敷地が三角形で、土塁も残る！（画像提供：北海道ファンマガジン）

龍岡城五稜郭
〈たつおかじょうごりょうかく〉

長野にもあったもう一つの五稜郭

○創建：一八六七年（慶応三）
○所在地：長野県佐久市田口下町
○現存：御台所
○再建：大広間（時宗寺に移築）、東通用門（薬師寺に移築）、薬医門（民家へ移築）
○アクセス：JR小海線龍岡城駅、同臼田駅から徒歩20分
○選定：続日本100名城

パラメーター	
防御力	1
映えレベル	3
知名度	2
アクセス	2
稜堡数	5

上空から見た龍岡城五稜郭。星型をしていることがよくわかる。美しい！（画像提供：佐久市観光協会）

◆「本家」の七分の一の規模

北海道の五稜郭は非常に有名ですが、日本にはもう一つ、長野県佐久《さく》市にも存在します。

築城当初、地名を取って「龍岡城」と呼ばれ、現在は「龍岡城五稜郭」とも称されるこのお城は、北海道の五稜郭と同じ時代に築かれた稜堡《りょうほ》式の城郭で、郭内の面積は約一万八千五百㎡、北海道の五稜郭（十二万五千五百㎡）の七分の一ほどの大きさです。また、上から見ると桔梗《ききょう》の花にも似ていることから、「桔梗城」という別名もあります。

築城が始まったのは一八六四年（元治元）で、その三年後の一八六七年（慶応三）に一旦の完成を見ました。ただ、完成といっても、実は堀が六十パーセントほどしか完成してお

らず、五ヶ所の稜堡の内、二ヶ所には堀がめぐらされていません。これは予算と時間が不足していたためだといいます。

北海道の五稜郭が箱館《はこだて》の港を守るために造られたのに対して、龍岡城五稜郭は海まで十キロ以上もある内陸にあります。造ったお殿様は西洋兵学オタクだった松平乗謨《まつだいらのりかた》というお方で、元々は奥殿陣屋《おくとのじんや》(愛知県岡崎市)を拠点としていました。領地は三河《みかわ》(愛知県)の奥殿あたりに四千石《ごく》ありました。しかし、飛び地として信濃《しなの》(長野県)に一万二千石もあったため、乗謨は幕末の動乱に乗じて佐久に拠点を移すと決めると、龍岡城五稜郭の築城を始め、田野口《たのくち》藩(後に龍岡藩に改称)を立藩しました。乗謨は小さい頃から西洋通であり、成年後は幕政に参加、一八六五年(慶応元)には陸軍奉行《ぶぎょう》、翌年には老中《ろうじゅう》格となった後に陸軍総裁を任されるほどの幕府軍の重鎮でした。龍岡城五稜郭の築城は、フランス式の軍制を田野口藩に導入するなど西洋兵学が大好きだった乗謨の研究の一環で行われました。

ちなみに、松平乗謨は「戊辰《ぼしん》戦争」が起きた時に陸軍総裁を辞職するのですが、その後継者となったのが勝海舟《かつかいしゅう》です。また、乗謨は明治時代に入って大給恒《おぎゅうゆずる》(羽生結弦《はにゅうゆづる》さんみたいなお名前!)と改名し、日本赤十字社の創設者の一人となっています。

◆戦国の城から眺める幕末の城

明治時代に解体された龍岡城五稜郭には現在、田口小学校があり、校庭の脇には龍岡城五稜郭の御台所が現存しています。その他、かつての大広間が時宗寺《じしゅうじ》の本堂となり、東通用門が薬師《やくし》寺《じ》の門となり、薬医門《やくいもん》が個人宅に移築され現存しています。

龍岡城五稜郭は、五稜郭タワーが隣接する北海道の五稜郭と違い、近くに高い建物はなく、星形を確認しづらいです。しかし、龍岡五稜郭のすぐ北の山には戦国時代に使われた田口城《たぐち》（地域の豪族・田口家の居城。武田信玄《たけだしんげん》に攻められ落城、田口家は滅亡）があって、龍岡城五稜郭を上から見るための展望台が設置されているのでお見逃しなく！

龍岡城五稜郭の見どころ！

現存する御台所。明治時代には尚友学校（後の田口小学校）の校舎に

水堀と土塁と石垣。奥に見えるのが城跡に建つ田口小学校

敵の侵入を防ぐ「はね出し」を持つ現存の石垣。北海道の五稜郭にもある！

二条城
〈にじょうじょう〉

○創建：一六〇三年（慶長八）
○現存：二の丸御殿、城門など
○再建：
○選定：日本100名城、世界遺産、国宝（二の丸御殿）
○所在地：京都府京都市中京区二条城町
○アクセス：京都市営地下鉄二条城前駅から徒歩1分

パラメーター	
防御力	2
映えレベル	3
知名度	5
アクセス	4
歴史的スポッ度	5

二条城は、実はたくさんあった？

もっとも有名な〝徳川家康の〟二条城・二の丸御殿。将軍就任の祝賀の儀や大政奉還が行われた場所！

◆京都の定番スポット、徳川家康の二条城！

「二条城」というと、「古都京都の文化財」として世界遺産に登録されている、お城めぐりに限らない京都旅行の定番スポットとなっています。

一六〇一年（慶長六）に徳川家康《とくがわいえやす》が京都の宿泊場所として築城を命じて二年後に完成。完成直後に、家康の将軍就任祝賀の儀式が行われています。その後、一六一一年（慶長十六）に家康と豊臣秀頼《とよとみひでより》の会見が行われ、「大坂冬の陣」では家康の本陣として使用されました。

また、幕末の一八六七年（慶応三）には江戸幕府十五代将軍・徳川慶喜《よしのぶ》によって大政奉還《たいせいほうかん》がこの二条城で行われ、江戸幕府は終焉《しゅうえん》を迎えました。そのため〝江戸幕府の始まりと終わりを見たお城〟ともいえるかもしれません。

国宝に指定されている二の丸御殿をはじめ、櫓《やぐら》や城門や土蔵など多くの建築物が残されています。ちなみに、かつては天守が建っていたのですが、江戸時代中期に焼失してしまい、現在は天守台が残されています。

この〝徳川家康の二条城〟は有名ですが、実はそれ以前に〝二条（周辺にあった）城〟はいくつも存在したのです。

◆室町幕府発祥の地！ 足利尊氏の二条城

古くから京都の中心地であった二条に屋敷を構えたのが室町《むろまち》幕府の初代将軍・足利尊氏《あしかがたかうじ》です。二条大路や三条坊門小路（御池通り）などに囲まれた屋敷だったといわれ、現在だと京都市営地下鉄の烏丸御池《からすまおいけ》駅と京都市役所駅の間あたりにあったそうです。

「二条第《てい》（亭）」や「二条万里小路《までのこうじ》第」などと呼ばれたこの館で、尊氏は政務を執り、この地で亡くなっているため、「室町幕府の発祥の地」とされています。屋敷は三代将軍・足利義満《よしみつ》が「花の御所」を築くまで使用され、その後は等持寺《とうじじ》になりましたが、「応仁の乱」で焼失した後は荒廃しました。

現在、遺構はまったくありませんが、足利尊氏が屋敷の敷地内に守護神として勧進《かんじん》したと伝わる御所八幡宮が残されています。

足利尊氏の二条城

○所在地：京都府京都市中京区柊町
○アクセス：京都市営地下鉄烏丸御池駅から徒歩３分

パラメーター	
防御力	2
映えレベル	1
知名度	1
アクセス	4
室町オタホイホイ	5

「足利尊氏邸・等持寺跡」の石碑。ここが室町幕府の発祥の地！（画像提供：PIXTA）

足利義輝の二条城

○所在地：京都府京都市上京区五町目町
○アクセス：京都市営地下鉄丸太町駅から徒歩３分

パラメーター	
防御力	2
映えレベル	1
知名度	1
アクセス	4
筆者の訪問回数	8

「斯波氏武衛陣・足利義輝邸遺址」の石碑。平安女学院を目指せば発見できる

◆剣豪将軍終焉の地！　足利義輝の二条城

京都御所の西側、現在は平安女学院が建っている場所にあったのが室町幕府十三代将軍で〝剣豪将軍〟の異名をとった足利義輝《よしてる》（私と同名！　大好き！）の屋敷です。

元々は室町幕府の重臣だった斯波義将《しばよしゆき》（斯波家は天皇を警護する兵衛府《ひょうえふ》の役職に代々就任。兵衛府は唐名で「武衛《ぶえい》」といったため、斯波家は武衛家と呼ばれていた。現在もこの一帯は武衛陣町という）が屋敷を構えていました。

義輝はその屋敷跡に堀や土塁をめぐらせ、新たに屋敷を築きましたが、一五六五年（永禄八）に起きた「永禄《えいろく》の変」で三好《みよし》三人衆や松永久秀《まつながひさひで》の軍勢の襲撃を受けて、壮絶な討《う》ち死にを遂げ、〝足利義輝の二条城〟も焼失しました。

◆室町幕府最後の将軍！　足利義昭の二条城

義輝の弟である足利義昭《よしあき》は「永禄の変」の際に、出家して入っていた興福寺《こうふくじ》の一乗院門跡《いちじょういんもんぜき》からなんとか落ち延びて諸国を流浪。将軍になるため、当時飛ぶ鳥を落とす勢いだった織田信長《おだのぶなが》を頼り、その軍事力を背景に京都に上洛《じょうらく》し、室町幕府十五代将軍に就任した人物です。

当初は本圀寺《ほんこくじ》（京都市山科区）を拠点としていたものの、三好三人衆などに襲撃された（「本圀寺の変」）ため、信長が義昭のために一五六九年（永禄十二）に新たな城を築いたのです。それが〝足利義昭の二条城〟です。

徳川家康の二条城に対して「旧二条城」や「二条古城」と呼ばれるお城で、金箔《きんぱく》の瓦《かわら》が使われた三重の天守などを備えた豪華な城郭だったそうです。しかし、信長と対立した義昭が、一五七三年（天正元）に京都から追放される（室町幕府の滅亡）と、この二条城も廃城となり、資材は安土城（滋賀県近江八幡市《おうみはちまんし》）の築城のために再利用されたといいます。

◆天下人の織田信長が新築した二条城

室町幕府を滅ぼした織田信長は、京都に新たな拠点を築くことにしました。その場所として選ばれたのが公家の二条家屋敷跡でした。美しい庭園を持つ二条家の屋敷は『洛中洛外図屏風《らくちゅうらくがいずびょうぶ》』にも描かれたほどで、信長も一目見て気に入り、一五七六年（天正四）から屋敷の建設に取りかかったといいます。

翌年完成したこのお城は「二条御新造《ごしんぞう》」や「二条邸」「二条殿《どの》」などと呼ばれ、信長の京都の政務の場所として使われるようになりました。

その後、一五七九年（天正七）に信長が誠仁《さねひと》親王（正親町《おおぎまち》天皇の皇子、後陽成《ごようぜい》天皇の父）に屋敷を献上したため「二条御所」や「二条新御所」などとも呼ばれるようになりました。

それから三年後の一五八二年（天正十）に「本能寺《ほんのうじ》の変」が起きます。この時、西隣の妙覚寺《みょうかくじ》に宿泊していた織田信忠《のぶただ》（信長の長男）が入城して明智光秀《あけちみつひで》の軍勢と戦います。しかし、多勢に無勢だったこともあり信忠は自害、お城も焼失しました。

足利義昭の二条城

○所在地：京都府京都市上京区五町目町
○アクセス：京都市営地下鉄丸太町駅から徒歩３分

パラメーター	
防御力	2
映えレベル	1
知名度	2
アクセス	4
遺構	1

「旧二條城」の石碑。足利義輝邸の石碑の近く、下立売通り沿いにある

織田信長の二条城

○所在地：京都府京都市中京区二条殿町
○アクセス：京都市営地下鉄烏丸御池駅から徒歩１分

パラメーター	
防御力	2
映えレベル	1
知名度	1
アクセス	4
本能寺の変ゆかり度	5

旧二条城の石垣。徳川家康の二条城に移築復元されている。見逃しやすいから注意！

豊臣秀吉の二条城

○所在地：京都府京都市中京区古城町
○アクセス：京都市営地下鉄二条城前駅から徒歩３分

パラメーター	
防御力	2
映えレベル	1
知名度	1
アクセス	4
遺構	1

「豊臣秀吉・妙顕寺城跡」の石碑。西福寺の門前にある。見逃さないで！

◆現在の二条城のお隣にあった？　豊臣秀吉の二条城

織田信長亡き後、天下を取った豊臣秀吉は、大坂城を拠点とする一方で、信長と同じく京都にも拠点を築きました。それが「妙顕寺《みょうけんじ》城」や「二条第《てい》」と呼ばれる、〝秀吉の二条城〟です。場所は織田信長の二条城の西隣、徳川家康の二条城の東隣に位置しています。戦国の三英傑のお城が、跡地とはいえ隣り合わせに並んでいるなんて、歴史好きとしてたまらんです！

ここには、以前は妙顕寺（織田信長に謀反《むほん》を起こした荒木村重《あらきむらしげ》の一族が処刑時まで幽閉された）が建っていたのですが、一五八三年（天正十一）に秀吉によって移転され、新城が築かれました。その後、秀吉は一五八六年（天正十四）に築城を開始した聚楽第《じゅらくてい》に移るまで京都の拠点としていたそうです。遺構はまったくありませんが、古城町《ふるしろちょう》や下《しも》古城町という地名が今も残ります。

ちなみに、京都以外にも栃木県栃木市と香川県木田郡三木町に二条城が存在します！

栃木県の二条城は、宇都宮《うつのみや》氏（下野《しもつけ》の有力大名）の一族の西方《にしかた》家の支城として築かれました。一六〇〇年（慶長五）に藤田信吉《ふじたのぶよし》（武蔵《むさし》出身の大名）が改めて構えた陣屋「新城《にいじょう》」が「にじょう」と訛《なま》り「二条」となったといいます。一六一六年（元和二）に藤田信吉が改易《かいえき》、廃城となりました。

香川県の二条城は、城主は安富《やすとみ》氏（讃岐《さぬき》の有力武将）の家臣の佐野久兵衛三直という人物だったと伝えられますが、くわしいことはわかっていません。こちらはかつての条里《じょうり》制（奈良時代後半から行われた土地の区画整理の制度）に由来するものです。

まさか栃木県と香川県にも二条城があったとは——面白い！

〝へ〟城のいろいろ

一から九まで、九つの東北城めぐり

〝三日月が丸くなるまで南部領《なんぶ》〟（三日月が満月になるまで歩いてもずっと南部領である）と称されるほど陸奥《むつ》（青森県・岩手県など）に広大な領地を持った南部家！　その領地には「一戸《いちのへ》」から「九戸《くのへ》」の地名が伝わり、それぞれの地区の城名にも使われたのです（二戸《にのへ》城と六戸《ろくのへ》城はないが）。「戸」の由来としては、「糠部《ぬかのぶ》郡を九つの地区に分けた際に名付けた」「蝦夷《えぞ》征伐の際の防衛施設（柵戸《きのへ》）があった」「牧場（馬戸）があった場所」など諸説あります。

それでは、一風変わった南部家にまつわる〝へ〟城めぐりにご案内！

◆一戸城――一戸家代々の居城

まずは一戸城！　こちらは一戸家が代々居城としたお城です。

一戸家は、南部家の始祖である南部光行《みつゆき》の長男（行朝《ゆきとも》）が地名の「一戸」を名乗ったことに始まります。ちなみに、南部光行は 源 頼朝《みなもとのよりとも》の御家人《ごけにん》となり「奥州《おうしゅう》合戦」（奥州藤原氏が源頼朝に滅ぼされた戦い）で活躍した褒美《ほうび》として陸奥の糠部郡を拝領した武士です。また「南部」という苗字は、それ以前に領地として与えられていた甲斐《かい》（山梨県）の南部（山梨県南部町）に由来します。

さて一戸城は、建長年間（一二四九〜五六）に一戸義実《よしざね》（行朝の子）によって馬淵川《まぶちかわ》に削られた台地に築かれたといわれ、四つの曲輪《くるわ》（北から北館・八幡館・神明館・常念館）によって形成されています。そのほとんどが畑や住宅になっているものの、北館は現在、一戸公園となっており、周囲にはところどころ堀の跡を見ることができます。

その後、一戸家は一五八一年（天正九）に南部本家の御家騒動の際に、当主（一戸政連《まさつら》）が暗殺されて滅亡。一五九一年（天正十九）の「九戸政実《くのへまさざね》の乱」で九戸政実の支配下に置かれますが、豊臣秀吉《とよとみひでよし》の軍勢によって攻め落とされ、翌年廃城となりました（「九戸政実の乱」については、後出の九戸城でくわしく解説）。

◆本三戸城――放火で焼失するも国の史跡に

十四世紀末頃から十六世紀半《なか》ばまで、南部家の本拠地だったのが本三戸城《もとさんのへ》です。お城の近くに南部家の菩提寺《ぼだいじ》である聖寿寺《せいじゅじ》があったことから「聖寿寺館《たて》」とも呼ばれました。

馬淵川が眼下に流れる高台に位置し、奥州街道や鹿角《かづの》街道が合流する水陸の要衝《ようしょう》に位置していましたが、一五三九年（天文八）に不満を抱く家臣によって放火されて本三戸城は焼失、新たに築かれた三戸城が南部本家の居城となりました。

現在城跡は果樹園や住宅になっているものの、広大な曲輪や堀の一部などが残り、国の史跡に指定されていることもあり、発掘調査や整備も進んでいます。

一戸城

○所在地：岩手県二戸郡一戸町一戸北館
○アクセス：いわて銀河鉄道一戸駅から徒歩20分

パラメーター	
防御力	2
映えレベル	1
知名度	1
アクセス	2
戸ナンバー	1

「史跡・一戸城跡」の木標。北館（一戸公園）の南側にひょっこり現れる

八幡館の東側の堀切。道路になっている部分が堀跡と思われる

本三戸城

○所在地：青森県三戸郡南部町大字小向村中
○アクセス：青い森鉄道三戸駅から徒歩35分、車で7分、またはバス・小向下車徒歩8分

パラメーター	
防御力	2
映えレベル	1
知名度	1
アクセス	2
戸ナンバー	3

本三戸城の堀と曲輪。堀底は果樹園に

城跡で果樹園を営む方からジューシーな桃をいただきました！

大型井戸跡。放火されて焼失した後のゴミ捨て場になったらしい

◆三戸城――江戸時代まで続く南部本家の居城

戦国時代に南部本家の本拠地となったのが三戸城です。一五三九年の本三戸城の焼失後、南部家当主の南部晴政《はるまさ》が新たに築きました。

馬淵川と熊原川《くまはらがわ》の合流地点の留《とめ》ヶ崎《さき》（三戸城の別名「留ヶ崎城」の由来）に築かれ、一五九一年（天正十九）に南部信直《のぶなお》（晴政の養子）が九戸《くのへ》城に移転するまで居城となりました。同年に豊臣秀吉の家臣・蒲生氏郷《がもううじさと》らによって、石垣をめぐらせた近世城郭に改築され、南部本家の居城が盛《もり》岡《おか》城に移った後も城代が置かれ、江戸時代を通して整備&修復が行われ続けました。

現在は模擬《もぎ》天守が建ち、山麓《さんろく》には大手口《おおてぐち》にあった綱御門《つなごもん》が復元されています。また、大手道や搦手《からめて》口をはじめ石垣が随所に残されています。

◆四戸城――またの名を「金田一城」

続いて四戸《しのへ》城。このお城は四戸家（南部光行の子・四戸宗朝《むねとも》に始まる）の居城でした。

もともと四戸家は、四戸城よりも約二十キロメートルあたり北の浅水川《あさみかわ》の周辺を領地としていて、別のお城（青森県五戸《ごのへ》町の「浅水城」といわれる）が居城だったといいます。お城は馬淵川左岸の丘の上にあり、上館・中館・下館によって形成されています。この辺りの地名を「金田一《きんだいち》」ということから「金田一城」とも呼ばれています。

一五九一年に「九戸政実の乱」が起きると、四戸家は親戚だった九戸家に味方して没落。四戸城は南部本家の城となり、乱の後に廃城となったといいます。

三戸城

○所在地：青森県三戸郡三戸町大字梅内城ノ下
○アクセス：青い森鉄道三戸駅から車で10分、またはバス病院前、公園前下車徒歩15分

パラメーター	
防御力	3
映えレベル	3
知名度	2
アクセス	3
戸ナンバー	3

模擬天守（三戸城温故館）。内部は南部家の史料展示室

搦手口（鍛冶屋御門）の石垣。崩れているのがまた良い。石垣の保存状態も良し！

綱御門。平成元年（1989年）に1億円をかけて復元

本三戸城から三戸城を望む。中央の高台に「三」「戸」「城」の看板を発見！

四戸城

○所在地：岩手県二戸市金田一舘
○アクセス：いわて銀河鉄道金田一温泉駅から徒歩20分

パラメーター	
防御力	2
映えレベル	2
知名度	1
アクセス	2
戸ナンバー	4

四戸城の上館にある木標とべこ石。広大な曲輪は農地やお墓に

上館と中館の間の堀切。現在は道路になっているものの痕跡あり

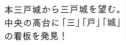

ちなみに、現在「一戸」から「九戸」の地名のうち、実は「四戸」だけがありません。その理由には、「〝四＝死〟を連想するので避けられたから」とか「近くに集落がなかったから」など諸説ありますが、はっきりしたことはわかっていません。

◆五戸館──津軽地方への拠点

とってもオシャレな五戸町図書館などが建つ歴史みらいパークに、かつて築かれていたのが五戸館《このへだて》です。

歴史は安土桃山《あづちももやま》時代（十六世紀後半）とされていて、三戸城主・南部信直の重臣で五戸《このへ》の管理を任された木村秀勝《きむらひでかつ》が、北方の津軽《つがる》地方に対する拠点として築城したといいます。

北から西にかけて五戸川が流れて天然の外堀となり、その高台に築かれています。また、館の周囲には堀や土塁の跡と思われる遺構がわずかに残されています。

城主を務めた木村家は、江戸時代も五戸の管理を南部家から任され、幕末まで五戸代官となりました。そのため五戸館は、別名「木村館」とも呼ばれています。

一六三五年（寛永十二）から代官所となった五戸代官所は一八六九年（明治二）まで使用されました。

◆五戸古館──五戸川を天然の外堀に

五戸館の約一キロメートル北東に築かれていたのが五戸古館《ふるだて》です。

五戸館

○所在地：青森県三戸郡五戸町館
○アクセス：ＪＲ東北新幹線、青い森鉄道八戸駅から車で20分、またはバス中央バス停下車徒歩３分

パラメーター	
防御力	2
映えレベル	2
知名度	1
アクセス	1
戸ナンバー	5

五戸館跡の案内板。館跡に建つ五戸町図書館の駐車場にて

館跡に建つ稲荷神社。その名も館稲荷！

当時の平面図をもとに復元された五戸代官所

五戸川と五戸館（右の崖の上）

五戸古館

○所在地：青森県三戸郡五戸町古舘
○アクセス：ＪＲ東北新幹線、青い森鉄道八戸駅から車で20分、またはバス五戸庁舎前下車すぐ

パラメーター	
防御力	2
映えレベル	1
知名度	1
アクセス	1
戸ナンバー	5

「古舘跡（兎内舘跡）」の案内板と五戸町役場。要害に築かれた防御力の高い役場である

役場前の市川道（下田街道）は外堀跡とも。右の丘が役場が建つ五戸古館跡！

その名の通り、五戸館よりも前に使用されていた城館で、永正年間（一五〇四～二〇）に五戸の有力者だった木村秀清《ひできよ》（五戸館の木村秀勝の父）が築城したといいます。この地域一帯が鎌倉時代から「兎内《とない》」と呼ばれていたことから、別名「兎内館」ともいわれています。

ちなみに、五戸館の住所が「五戸町館」だったのに対して、五戸古館の住所は「五戸町古館」です。

現在は五戸町役場が建っていて、駐車場に案内板が立てられています。五戸館と同じく五戸川を天然の外堀とした要害に築かれた、五戸館よりもコンパクトなお城です。遺構はほとんど残されていませんが、役場の前の道路がかつての外堀だったといわれています。

◆七戸城――広大な曲輪が残る

「〃へ〃城めぐり」も終盤戦に差し掛かってまいりました！　続いては七戸城《しちのへ》です。

七戸家の七戸城の築城時期は不明ながら、一三三五年（建武二）頃と伝わってきました。この年に南部政長《まさなが》（兄・南部師行《もろゆき》は「日本100名城」の一つ、根城《ねじょう》を築く）という人物が、新田義貞《にったよしさだ》の鎌倉攻め（鎌倉幕府滅亡）で活躍した功績で七戸に土地を与えられたからです。

しかし、発掘調査の結果、現在では、南部政長の孫で七戸の地を継いだ南部政光《まさみつ》が十四世紀後半に建てたとされ、その子孫が代々「七戸家」を名乗り、城主を務めました。

城郭の規模は非常に大きく、夏場に〃城攻め〃すると絶対バテます！

それぞれ独立した多くの広大な曲輪（本丸・二の丸・北館・西館・下館・角館・宝泉館など）で形

七戸城

○所在地：青森県上北郡七戸町字城ノ後
○アクセス：ＪＲ東北新幹線七戸十和田駅から車で10分

パラメーター	
防御力	3
映えレベル	3
知名度	2
アクセス	1
戸ナンバー	7

復元された東門。城主が居住した北館を守る重要な城門だった！

本丸跡に建つ神明宮。1881年（明治14）に現在地の本丸跡に遷宮

青岩寺に移築現存する本丸の城門。二層の楼門だったが老朽のために現在の形に改築

二の丸の姫塚。石碑は1972年（昭和47）に三百年忌の供養で建立された

北館と二の丸（右の土塁の上）の間の水堀。二の丸には江戸時代に代官所が置かれた

成され、保存状態の良い巨大な堀や土塁がたくさん残されていて、城好きの好奇心をくすぐります。

七戸家（当時の当主は七戸家国《いえくに》）は「九戸政実の乱」で九戸家に味方したため滅亡。しかし、七戸城は存続し、三戸城の南部本家の一族が城主となった後、一六六四年（寛文四）からは南部本家の代官が置かれました。

◆八戸城――シンプルな縄張りが魅力

「日本100名城」の一つである根城《ねじょう》から約二・五キロメートル東にあるのが八戸城《はちのへ》です。根城を拠点にしたのも、これまた南部家なのですが、三戸（本三戸城→三戸城）を拠点にした南部本家（三戸南部家とも）に対して根城南部家や八戸南部家と呼ばれます。

一戸家や四戸家などと同じく、南部光行《みつゆき》の子（三男の南部実長《さねなが》。当初は「波木井《はきい》」を苗字とした）が始祖とされ、四代目の南部師行《もろゆき》が本家から養子に入って家督を継承し根城を築城しました。師行が討ち死にしたため、弟の南部政長（七戸城でも登場）が家督を相続します。その子である南部信助《のぶすけ》が根城の支城として築いた中館《なかだて》が八戸城の前身にあたるとされています。

「南部」だらけでややこしいですが（笑）、簡単にまとめますと……

三戸南部家と八戸（根城）南部家が有力で、南北朝時代（十四世紀半《なか》ば）頃から三戸南部家が本家的存在となり、江戸時代になると八戸南部家は家臣に――という感じでございます。

さて、根城の支城だった中館が八戸城となっていくのは一六二七年（寛永四）のことです。こ

八戸城

○所在地：青森県八戸市内丸
○アクセス：ＪＲ八戸線本八戸駅から徒歩５分

パラメーター	
防御力	2
映えレベル	2
知名度	2
アクセス	3
戸ナンバー	8

八戸城跡の石碑。八戸市公会堂の近くに立つ

八戸藩初代南部直房公の像。八戸藩の誕生を快く思わない盛岡藩により暗殺されたとも……

現存する角御殿表門。1797年（寛政9）に建てられたものが残る！

根城に移築された八戸城の東門。根城の城門だったとも。ということは里帰り？

の年、八戸南部家が遠野に移されると（遠野南部家と呼ばれるように）、八戸は南部本家の南部利直《としなお》（盛岡藩初代藩主）が直接支配することになり、信直が自ら縄張りをして八戸城の築城を始めたと伝わります。

その後、一六六四年（寛文四）に、幕府の命令によって本家の盛岡藩と別に八戸藩が立藩されると、南部直房《なおふさ》（利直の孫）が初代藩主となり、本格的に築城が行われました。

◆九戸城――〝御家騒動〟で歴史の表舞台へ！

「〝へ〟城めぐり」もついにエンディング！　最後は〝二戸〟にあるのに〝九戸〟城です。

城主は南部家の祖である南部光行の子（九戸行連《ゆきつら》）に始まると伝わる九戸家。その名の通り、九戸（岩手県九戸村）を本拠地として勢力を伸ばし、西の二戸に進出して明応年間（一四九二〜一五〇二）に九戸光政が九戸城を築城したといいます。その後、九戸政実の代になって九戸家の勢いはピークを迎え、三戸南部家や八戸（根城）南部家と並ぶ勢力となりました。

その中で起きたのが三戸南部家の御家騒動です。

南部本家の当主だった南部晴政が一五八二年（天正十）一月四日に病死すると、その後を追うように、その子の南部晴継《はるつぐ》（十二歳）も同月二十四日に急死します。その後継者の座を争ったのが、南部信直（晴政の従兄弟《いとこ》にして婿《むこ》養子）と九戸実親《さねちか》（政実の弟。晴政次女の婿）でした。

この争いは、南部信直側近の北信愛《きたのぶちか》（戦国好きには「愛《あい》ちゃん」と呼ばれている・笑）の活躍によって、九戸家が敗れ、南部信直が当主となりました。

なんだかお城とは関係のない御家騒動の話のようですが、この家督《かとく》争いにおける九戸家の敗北が、九戸城を歴史の表舞台に登場させる遠因となったのです。

この家督争い以降、九戸家は南部本家と対立を深めていき、一五九一年、ついに九戸政実は南部信直に対して挙兵します。これが「九戸政実の乱」です。

しかし、南部信直はすでに豊臣秀吉に臣従していたため、九戸政実は秀吉に謀反《むほん》を起こした形に！　その結果、九戸政実の本拠地に六万五千といわれる秀吉の大軍（井伊直政《いいなおまさ》、蒲生氏郷、津軽為信《ためのぶ》、南部信直など）が押し寄せて、九戸軍約五千が籠《こも》る九戸城を包囲したのです。

激しい攻撃を二、三日仕掛けたものの、西に馬淵川、北に白鳥川《しらとりがわ》、東に猫渕川《ねこぶちがわ》が流れる断崖《だんがい》の台地に築かれた天然の要害である九戸城を落とせなかった豊臣軍は、城兵や婦女子の助命を条件に和睦《わぼく》を提案します。九戸政実はこれを承諾《しょうだく》しましたが、これは豊臣軍の謀略《ぼうりゃく》であり、城兵や婦女子はことごとく撫《な》で斬りに、政実は連行中に三迫《さんのはざま》（宮城県栗原市）で処刑されたといいます。

その後、九戸城は蒲生氏郷によって石垣を用いた近世城郭に大改修され、南部信直に引き渡されました。そして、信直は居城を三戸城から九戸城に移し、福岡城と城名を改めました。

南部家は新たに盛岡城を居城としたため、一六三六年（寛永十三）に九戸城は廃城となりました。

さて、「九戸政実の乱」の鎮圧によって、豊臣秀吉は天下統一を達成し、新たな時代が始まったことから地元の二戸市埋蔵文化財センターでは九戸城を〝日本中世終焉《しゅうえん》の場〟と表現しています。

奇《く》しくも（?）「〝へ〟城めぐり」も九戸城を終焉の場にさせていただきます！

九戸城

○選定：続日本100名城
○所在地：岩手県二戸市福岡城ノ内
○アクセス：ＪＲ東北新幹線、いわて銀河鉄道二戸駅からバス呑香稲荷神社前下車
徒歩10分

パラメーター	
防御力	4
映えレベル	3
知名度	3
アクセス	2
戸ナンバー	9

本丸の南の石垣。蒲生氏郷が築いた東北最古の野面積の石垣

九戸城戦没者供養塔。城跡から出土した人骨を埋葬した通称「首塚」

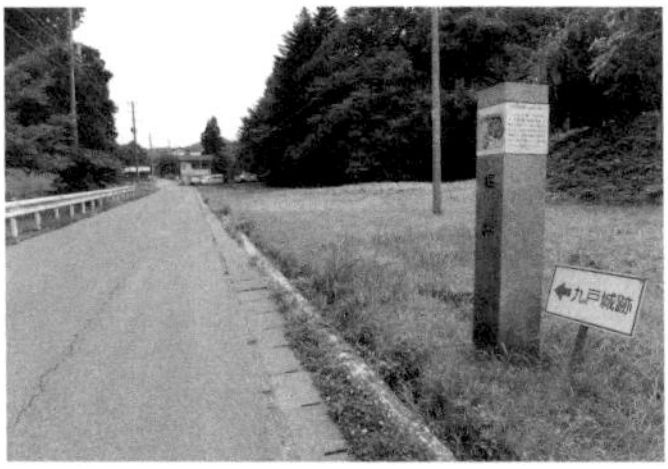

二の丸と松の丸の間の大手門脇堀。幅はなんと約60メートルと日本最大級！

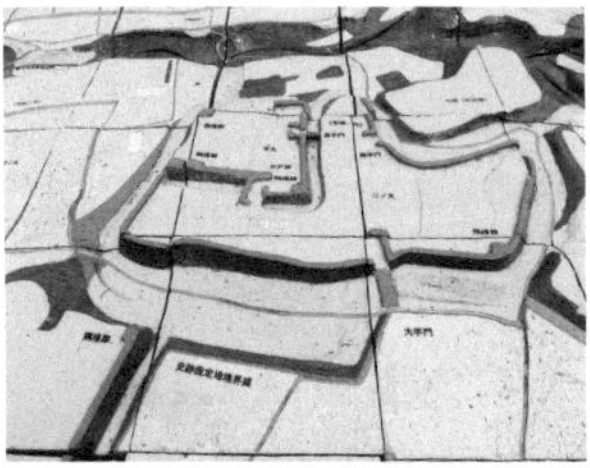

二の丸にある九戸城のジオラマ。お城のジオラマってずっと見てられる……

最寄り駅の二戸駅に置かれた九戸政実のパネル。地元では最近、九戸政実を絶賛売り出し中！　めちゃくちゃイケメン

秀吉の一夜城

各地に残るワンナイト・キャッスル

一夜城……それは〝まるで一夜にして築かれたと伝わるお城〟のことをいいます。

そのうち、豊臣秀吉《とよとみひでよし》にまつわる一夜城の数は、なんと三ヶ所もあります。どれも地域の伝承や後世の史料に登場するもので真偽は不明ながら、やっぱりこの伝説は面白い！　それでは一夜城の旅へ参りましょう。

◆墨俣城――「秀吉・出世の地」の伝説的な一夜城

秀吉（当時は「木下藤吉郎《きのしたとうきちろう》」）の出世のキッカケと伝わるのが墨俣《すのまた》城の築城です。

一五六六年（永禄九）のこと。秀吉の主君の織田信長《おだのぶなが》は、美濃《みの》（岐阜県）の稲葉山《いなばやま》城（後の「岐阜城」）の斎藤家を攻めていたものの、なかなか攻略ができませんでした。

そこで信長は、木曾川《きそがわ》と長良川《ながらがわ》と揖斐川《いびがわ》が合流する墨俣に目をつけて築城を計画。しかし、織田家の重臣の佐久間信盛《さくまのぶもり》と柴田勝家《しばたかついえ》は斎藤家の反撃に遭い、続けて築城を失敗。次に名乗り出た秀吉が、見事一夜にして築き上げたといいます。

現在は大垣《おおがき》城の天守がモデルの模擬《もぎ》天守が建てられて「墨俣一夜城址公園」となり、豊国《とよくに》神社

（秀吉が祭神。大阪城公園の豊國神社《ほうこく》から分祀《ぶんし》）が建立《こんりゅう》され、出世のパワースポットとなっています！

◆石垣山城——実はしっかり造られた「八十夜」城

続いては「石垣山《いしがきやま》一夜城」や「太閤《たいこう》一夜城」とも称される石垣山城です。

一五九〇年（天正十八）、秀吉は北条氏直《ほうじょううじなお》を滅ぼすために二十万を超える大軍勢で小田原城を包囲。その秀吉の本陣として小田原城の西南約三キロの笠懸山《かさがけやま》に築城されました。

穴太衆《あのうしゅう》の野面積《のづらづみ》で積まれた関東・東北地方で最初の総石垣のお城だったため、笠懸山から「石垣山」と呼ばれるようになりました。

「塀や櫓の骨組みに白紙を貼り、深夜に樹木を伐採して、一夜で完成したように見せた」——。

アイディアマンの秀吉らしいですが、実際は約八十日、四万人を動員して築城したそうです。

◆益富城——まさに「マジシャン秀吉」！

秀吉は一五八七年（天正十五）の九州征伐《せいばつ》の時にも、益富城《ますとみ》に一夜城伝説を残しています。

薩摩《さつま》（鹿児島県）の島津《しまづ》家を降伏させるために、九州に大軍を派遣した秀吉。益富城は当時、島津家の配下の秋月種実《あきづきたねざね》の支城でした。秋月種実は本拠地の古処山《こしょさん》城に籠城《ろうじょう》。それに対して秀吉は別名「大隈城《おおぐま》」とも呼ばれる益富城に入城。

秀吉は、古処山城の秋月軍の士気を失わせるために、まず益富城の城下に篝火《かがりび》を大量に焚《た》かせて、まるでお城一帯が秀吉軍で充満したように見せました。そして、仕上げは翌朝のこと。

益富城は、秋月軍にとって見慣れぬ白壁（実際は白い紙！）と黒の腰板（壁の部分の板。実際は民家の戸板を黒く塗ったもの！）がめぐらされた城郭へと大改築されていたのです。これを見た秋月種実は「秀吉は人ではなく鬼神である！」と戦意喪失して、秀吉へ降伏したといいます。

ここまで紹介した一夜城は秀吉によるものでしたが、秀吉とは関係のない一夜城もあります。その一つが、長野県にある、織田信長の長男・信忠《のぶただ》が築いたと伝わる「一夜の城《じょう》」（富県《とみがた》一夜の城）です。

一五八二年（天正十）、織田信長は甲斐《かい》（山梨県）の武田勝頼《たけだかつより》を滅ぼすために出陣。織田信忠は総大将となって信濃《しなの》（長野県）に兵を進めました。「甲州征伐」と呼ばれるこの戦いで織田信忠は、高遠城《たかとおじょう》を総攻撃することにしました。その本陣として、高遠城から約六キロ西に一夜で築いたとされるのがこの城です。「決戦前夜に織田軍の兵士が周辺の農民の道具を借りて一夜にして築かれた」と伝わるこの城を拠点に織田軍は総攻撃を仕掛け、高遠城は壮絶な落城をしました。

現在、虎口《こぐち》や土塁が一部現存。発掘調査により、拡張された巨大な堀が発見されていることから、一夜城の可能性は低く、以前からあった豪族の城館を接収して利用したと考えられています。

また、〝越後《えちご》の龍〟や〝軍神〟とも称されたあの上杉謙信にも一夜城伝説があります。

一五六六年（永禄九）のこと。関東管領《かんとうかんれい》だった謙信は毎年のように関東に出陣。この時は臼井《うすい》城（城主は原虎胤《はらとらたね》）を攻めようとしていました。その本陣として一夜で築いたと伝わるのが「謙信一夜城」です。現在は、一夜城公園として住宅街の中に整備され、石碑が建てられています。

墨俣城

○住所：岐阜県大垣市墨俣町墨俣
○アクセス：JR東海道本線大垣駅からバス墨俣下車徒歩12分

パラメーター	
防御力	3
映えレベル	3
知名度	3
アクセス	2
ひょうたんの数	5

墨俣城の「願掛け出世ひょうたん」。秀吉の馬印の千成瓢簞が由来

出世橋から見た墨俣城模擬天守。モデルとなったのは大垣城の天守！

石垣山城

○住所：神奈川県小田原市早川　○選定：続日本100名城
○アクセス：JR東海道本線早川駅から徒歩50分、箱根登山鉄道入生田駅から徒歩1時間（土日祝のみ観光回遊バス「うめまる号」が走る）

パラメーター	
防御力	3
映えレベル	4
知名度	4
アクセス	2
初日の出	5

石垣山城「一夜城まつり」で豊臣秀吉に扮する私。背後の相模湾から初日の出が上がる！

石垣山城・二の丸（馬屋曲輪）から見た井戸曲輪、小田原城、そして相模湾。伐採されて景色が最高に！

益富城

パラメーター	
防御力	3
映えレベル	2
知名度	1
アクセス	1
トリッキーさ	4

○住所：福岡県嘉麻市中益
○アクセス：JR上山田線飯塚駅からバス西鉄大隈下車徒歩40分

ヘンテコ復元城――ハリボテ&イルミネーション編

ハリボテ復元の中でも、岡山県津山《つやま》市の津山城に対する地元民の愛情は計り知れません！なんと八十年以上前から三度にわたって復元を行っているのです。

初代は一九三六年（昭和十一）に津山城で行われた「産業振興大博覧会」で、かつての姿とは異なるものの、目玉スポットとして天守が復元されました。

二代目は一九九四年（平成六）で、地元の津山青年会議所によって、古写真などを参考にして、ハリボテではなくバルーンで再現。水口岡山《みなくちおかやま》城や古河《こが》城に先駆けたバルーン復元です。

そして、三代目は二〇一三年（平成二十五）の「美作国《みまさかのくに》建国1300年記念事業」で、再び津山青年会議所によって、今度は発泡スチロールによって、かつての天守の約半分の高さで復元されています。津山城下の方々の素晴らしき郷土愛！

ヘンテコ復元城の中で異色なのが、大分県大分市の府内《ふない》城です。

二〇一七年（平成二十九）から、府内城の魅力を発信するイベントの一環として、鉄パイプで造られた仮想天守が、期間限定で本丸の中央に再現されているのです！

この天守は、一六四四年（正保元）に江戸幕府が描かせた『正保城絵図』などを参考にして再現されています。昼間に行くと、組み合わされた鉄パイプが「なんとなく天守っぽい形だな」という印象なのですが、夜はライトアップされていて、かなり近未来感のある天守が出現します！

第六章

〝アレ〟もお城？ 〝コレ〟もお城？

全国各地には「あ、これもお城なの？」と思う、
イレギュラーなお城がたくさんあります。
教科書に登場する弥生《やよい》時代の環濠《かんごう》集落の城、
アイヌ民族が築いた城、
見た目が完全にお寺な城、
東京の観光スポットとなっている城などなど……
お城めぐりの楽しさが
グッと深まること間違いなし！

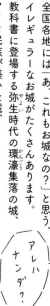

足利氏館
〈あしかがしやかた〉

○創建：十二世紀半ば？
○現存：本堂、鐘楼、山門、経堂など
○再建：
○選定：日本100名城、国宝（本堂）
○所在地：栃木県足利市家富町
○アクセス：JR両毛線足利駅から徒歩7分。東武伊勢崎線東武足利市駅から徒歩10分

パラメーター	
防御力	2
映えレベル	3
知名度	3
アクセス	3
お寺感	5

見た目は完全に「寺」なのに……

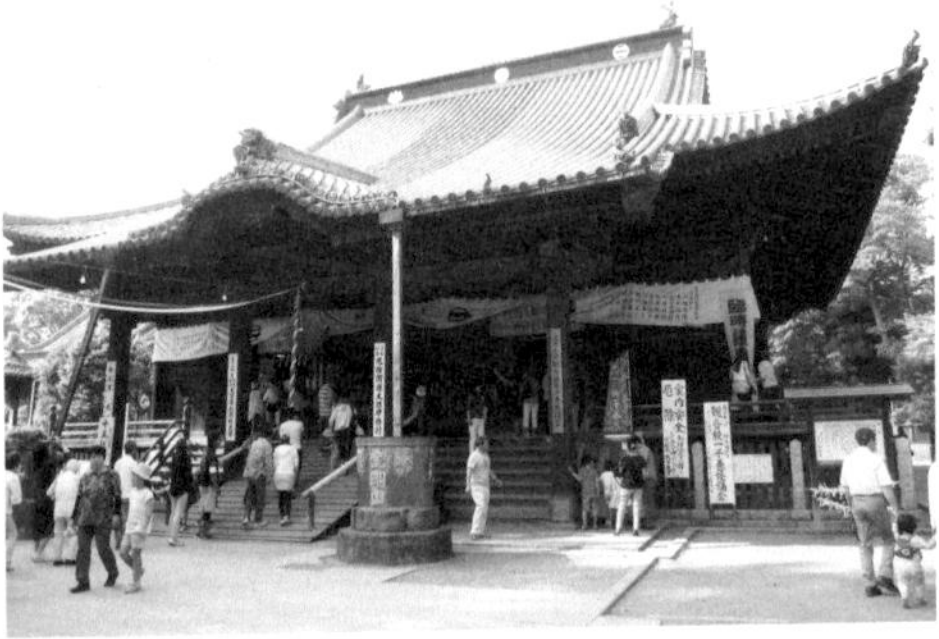

足利氏館の跡地に建つ鑁阿寺の本堂。1299年（正安元）に建立され、現在は国宝に！

◆足利将軍の祖の居館

「足利」といえば、室町《むろまち》幕府の将軍の名字ですが、その由来は、下野《しもつけ》（栃木県）の足利です。そこにある足利家の居館だったのが足利氏館です。創建は平安時代の後半と伝わり、築城主は足利の地をもらった源義国《みなもとのよしくに》。その子の義康《よしやす》が「足利」を名字として足利家の初代となり、さらに館の整備を進めたといいます。この義康から九代後の末裔《まつえい》にあたるのが、室町幕府の初代将軍となった足利尊氏《たかうじ》です。

お城のスタイルは鎌倉武士の方形館《ほうけいやかた》！　上から見ると四角形をしていて、その周囲には水堀と土塁がめぐらされているシンプルな縄張りです。かつては五百メートル四方の広大な館だったようですが、現在は水堀と土塁が一部残されてい

ます。
「日本100名城」に数えられている足利氏館ですが、城跡は鑁阿寺《ばんなじ》となっており、お寺にしか見えません。この鑁阿寺というお寺も、実は足利氏館と同じくらいの歴史を持っていて、創建は鎌倉時代初期の一一九六年（建久七）と伝わります。足利義兼《よしかね》（足利家二代目。義康の子）が館内の持仏堂《じぶつどう》に大日如来《だいにちにょらい》を祀《まつ》ったことに始まるといいます。そして、足利義氏《よしうじ》（義兼の子）によって整備され足利家の氏寺《うじでら》となりました。その後、鎌倉幕府が倒れると、足利家の拠点は京都や鎌倉となったため、足利氏館の役割は薄れていき、鑁阿寺となったそうです。

◆歴史的な建物がたっくさん！

現在、鑁阿寺には、国宝に指定されている本堂や、国の重要文化財となっている鐘楼《しょうろう》・経《きょう》堂《どう》など多くの建築物が現存しています。中でもオススメは桜門《さくらもん》（山門）！　一五六四年（永禄七）に室町幕府十三代将軍の足利義輝《よしてる》が再建したものです。手前の太鼓橋《たいこばし》、両サイドの水堀と土塁がすべて画角に収まり、何より私を歴史好きへと誘ってくれた同名の義輝さんが建てたものですので要チェックです(笑)！　経堂内には江戸時代中期に作成されたという足利将軍十五代の木像が安置されていて、普段は非公開ですが、期間限定で見学することもできます。

館跡の隣には〝日本で最も古い学校〟といわれ、フランシスコ・ザビエルが「日本国中で最も大にして、最も有名な坂東《ばんどう》のアカデミー」と称した足利学校があります。創建は諸説ありますが、こちらも鑁阿寺と同じく足利義兼によるものという説が有力となっています。併《あわ》せてどうぞ！

足利氏館の見どころ！

周囲にめぐらされた土塁と水堀。鎌倉武士の方形館スタイルの雰囲気がよく残る

1564年（永禄7）に足利義輝によって再建された桜門

桜門と同じく国の重要文化財に指定されている鐘楼

館跡に隣接するのは、日本最古の学校といわれる「足利学校」

天然記念物の大イチョウ。樹齢は650年以上とも。大イチョウが色づく秋が一番オススメ！

吉野ヶ里遺跡〈よしのがりいせき〉

ディズニーランド超級の環濠集落！

吉野ヶ里遺跡で最大規模の主祭殿。この建物で政治の方針決定や祭礼が行われていたと考えられている

○創建：紀元前四世紀頃？
○現存：
○再建：祭殿、物見櫓、竪穴住居、墳丘墓、高床建物など
○選定：日本100名城
○所在地：佐賀県神埼郡吉野ヶ里町田手、神埼市神埼町
○アクセス：JR長崎本線神埼駅、同吉野ヶ里公園駅から徒歩15分

パラメーター	
防御力	4
映えレベル	4
知名度	4
アクセス	2
お城なの？感	5

◆弥生時代の巨大集落！

吉野ヶ里遺跡は弥生《やよい》時代の巨大集落跡で、その面積はなんと約五十四万㎡（東京ディズニーランドが約五十一万㎡）もあります。東京ディズニーランドには年間パスポートがありますが、実は吉野ヶ里遺跡にも存在します。大人（十五歳以上）が四千六百円、シルバー（六十五歳以上）は二千円ですので、価格の上では吉野ヶ里遺跡のほうが圧倒的にお得です（笑）。

さて、弥生時代は一般的に、紀元前五世紀から紀元後三世紀の約七百年間のこととされますが、その中期から後期にかけて吉野ヶ里遺跡は繁栄を迎えて拡大されていったそうです。

縄文《じょうもん》時代が狩猟をしながらの移住生活が主だったのに対して、稲作が広まった弥生時代には定住生活が定番となっていき、「クニ」が誕生しました。すると、稲作のための水の権利や収穫物をめぐって集落同士の争いが増え始め、吉野ヶ里遺跡のような、敵の攻撃を防ぐための拠点が必要となったのです。

遺跡の周囲には水堀（環濠《かんごう》）や土塁、柵、逆茂木《さかもぎ》が幾重《いくえ》にもめぐらされ、拠点内には見張りのための物見櫓《ものみやぐら》（望楼）や祭祀《さいし》用の高層建築物が建てられました。その様相は、まさに〝お城〟！

日本の城のルーツともいえる存在なのです。そのため吉野ヶ里遺跡は「日本100名城」に選定されています。

◆古代ミステリー！　王の墓と太陽を結ぶ聖地？

歴代の王が祀《まつ》られたという「北墳丘墓《きたふんきゅうぼ》」。その南には祖先の霊が宿るという「立柱《りっちゅう》」があり、さらに南には「主祭殿」、最南には「南の祭壇」が人工的に一直線上に配置されています。これは吉野ヶ里遺跡の住人にとって〝聖なる中軸線〟だったと考えられています。

また、主祭殿がある「北内郭《きたないかく》」は、夏至《げし》の日の出と冬至《とうじ》の日の入りを結ぶ線と交差しているのです。この「クニ」の聖地ともいえる主祭殿では、重要な政治決定や祭祀が行われていたとされます。現在、その内部は当時のイメージが復元されており、弥生時代に迷い込んだかのようで実に楽しい！

吉野ヶ里遺跡の見どころ！

物見櫓から見た南内郭。ここに王や支配者層が住んでいたらしい

吉野ケ里遺跡が「城」だったことがわかる、周囲にぐるりと何重にもめぐらされた堀と柵（左）や逆茂木（右）

主祭殿の内部には祭礼の様子が再現されている

田中城〈たなかじょう〉

○創建：一五三七（天文六）
○現存：本丸櫓、茶室、仲間部屋・厩、城門（旭傳院に移築）など
○再建：大手二之橋
○選定：
○所在地：静岡県藤枝市田中
○アクセス：ＪＲ東海道本線西焼津駅から徒歩30分、またはバス六間川下車徒歩４分

パラメーター	
防御力	3
映えレベル	3
知名度	1
アクセス	2
丸さ	5

日本で唯一！　まん丸の形をしたお城

移築現存する本丸櫓と復元された冠木門

◆上から見るとわかるその魅力

お城の楽しみ方の一つに〝上空から見る！〟があります。上空写真などによって、そのお城の縄張りがわかるからです。

様々な縄張りがありますが、中でも日本で唯一の縄張りを持つのが田中城です。上空から見ると、なんとまん丸の、円形をしているのです！　これを「円郭式」と呼びますが、この縄張りを持つ城は、ここ田中城だけとされています。本丸を中心に堀を四重にめぐらせた、なんともキュートな縄張りです。円形にすることで、死角をなくすことができるといわれています。

元々は駿河《するが》（静岡県）の今川義元《いまがわよしもと》の家臣が築いた徳之一色《とくのいっしき》城というお城でしたが、一五七〇年（永禄十三）にこの城を

手に入れた甲斐《かい》（山梨県）の武田信玄《たけだしんげん》が大改築を行って円郭式（当初の堀は三重）とし、田中城に改名したといいます。その後、一五八二年（天正十）の「甲州征伐《せいばつ》」（これで武田家は滅亡）時に、徳川家康《とくがわいえやす》によって攻められて落城、その支配下に置かれました。

家康が関東に移って以後は中村一氏《なかむらかずうじ》（豊臣秀吉《とよとみひでよし》の重臣）が支配したものの、一六〇〇年（慶長五）の「関ヶ原の戦い」後に、再び家康の支配下となります。

その翌年、酒井忠利《さかいただとし》（家康の重臣）による改築で三重の堀の外に曲輪《くるわ》と堀が増築され、江戸時代には田中藩の藩庁が置かれました。

◆家康を〝殺した〟田中城の天ぷら！

晩年は駿府《すんぷ》城を居城にしていた家康は、田中城がお気に入りだったようで鷹《たか》狩りの休憩所として度々利用していました。「大坂の陣」で豊臣家を滅ぼした翌年の一六一六年（元和二）の一月二十一日のこと。この日も田中城を訪れた家康は、京都で話題になっている〝天ぷら〟の話を茶屋四郎二郎《ちゃやしろうじろう》（京都の豪商。家康の御用商人）から聞き、すぐに所望しました。

天ぷらが美味《おい》しすぎたのか、家康は大ダイ二枚とアマダイ三枚を食した結果、激しい腹痛に襲われます。そして、同年の四月十七日に駿府城で亡くなってしまったのです。

しかし、その天ぷらが原因というのはどうやら都市伝説のようで、実際は胃ガンだったといわれています。信じるか信じないかは、お主《ぬし》次第です。

田中城の見どころ！

城跡の中央に建つ小中学校の校庭を中心に、郭が円形に広がっている！

ニ之堀に架かる復元された大手二之橋

縄張りと遺構（土塁や堀が一部残る！）と周辺地図

この項、画像提供すべて藤枝市郷土博物館

品川台場
〈しながわだいば〉

○創建：一八五四年（嘉永七）
○現存：第三台場、第六台場
○再建：台座
○選定：続日本100名城
○所在地：東京都品川区台場
○アクセス：新交通ゆりかもめお台場海浜公園駅から徒歩15分

パラメーター	
防御力	2
映えレベル	2
知名度	2
アクセス	4
対・ペリー艦隊	5

東京の観光名所「お台場」は実はお城？

12基造られる予定だった品川台場の中で現存する「第三台場」。現在見学可能な台場はここだけ！

◆ペリーの黒船に対抗するために誕生！

「日本100名城」に続いて、二〇一七年（平成二十九）には「続日本100名城」が選定されました。その一つに数えられているのが品川台場です。

台場というのは〝砲台場〟のことで、日本の沿岸に出没した外国船に対抗するため、主に幕末に造られた要塞《ようさい》、つまりは〝お城〟なんです。

この工事計画は江戸幕府によって進められたため、敬意を払って「御台場」と呼ばれるようになり、観光スポットのフジテレビや船の科学館などがある現在の「お台場」の地名の由来となりました。

一八五三年（嘉永六）、ペリー率いる米国艦隊が江戸湾（東京湾）に襲来しました。いわゆる「黒船来航」です。開国を迫るペリーは強引に江戸湾の奥深くまで入ると、勝手に測量を始めます。「これはヤバい！」と感じた幕府は江戸湾を守るために品川台場を造ることにしたのです。

当初は十二基の台場（第一台場から第十一台場と陸続きの御殿山下台場《ごてんやましただいば》）を計画し、急ピッチな工事により翌年に六基（第一〜三、五、六台場と御殿山下台場）が完成！

しかし、幕府の財政難のため、二基（第四、七台場）は工事中止となり、残り四基（第八〜十一台場）は着工前に中止となりました。

◆江戸湾を守った台場の現在の姿は？

現在残されているのは第三台場と第六台場です。

第三台場は台場公園となって陸続きなので見学可能で、弾薬庫や波止場などが残されていますが、第六台場は無人島となっており、見学することはできません。

また、第四台場を埋め立てて造られた天王洲《てんのうず》アイルのシーフォートスクエアには、第四台場の石垣を再利用して積み直された部分があります。御殿山下台場は取り壊されたものの、跡地には台場小学校と台場幼稚園、石垣を再利用した記念碑が建てられています。

それ以外の品川台場は、開発の中で埋め立てられたり、取り壊されたりしてしまいました。現地を見学する前には品川歴史館で、品川と台場の歴史を学んでおくのがオススメです！

品川台場の見どころ！

「第三台場」とともに現存する「第六台場」。普段は立ち入り禁止なのでレインボーブリッジから見るのがオススメ！

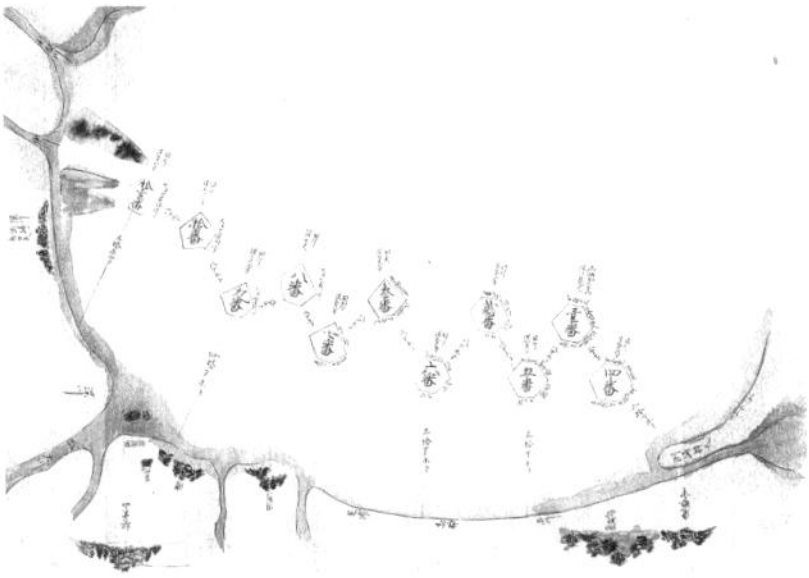

「品川台場絵図」（首都大学東京図書館蔵）。計画された12基の台場が描かれている

天王洲アイルのシーフォートスクエア北西部に再利用された「第四台場の石垣」

御殿山下台場の記念碑。土台には当時の石垣が流用されている

ヲンネモトチャシ

〈おんねもとちゃし〉

アイヌ民族の謎多きお城

○創建：十六～十八世紀？
○現存：
○再建：
○選定：日本100名城
○所在地：北海道根室市温根元
○アクセス：釧路空港から車で4時間。JR根室本線根室駅から車で30分、またはバス納沙布岬下車徒歩20分

パラメーター	
防御力	2
映えレベル	2
知名度	1
アクセス	1
行ったら自慢度	5

ヲンネモトチャシの主郭部分と、北に広がるオホーツク海。チャシ跡からは北方領土も望める！

◆「日本100名城」最難関!?

〝チャシ〟というのは、北海道の先住民だったアイヌの方々の言葉で「柵囲い」という意味です。砦《とりで》や祭祀《さいし》などとして使用していたといわれ、いわば〝アイヌ民族のお城〟です。

北海道で確認されているチャシの数は七百ヶ所以上といわれ、中でも根室《ねむろ》半島は三十ヶ所以上のチャシが集中している地域です。その内の二十四ヶ所は、根室半島チャシ群跡として国の史跡に指定され、「日本100名城」に数えられています。その登録番号はというと、なんと「一番」！

お城好きが「人生で一度は訪れたい！」と思っている名城ではあるのですが、実は〝登城〟の難易度は100名城のうちで最難関なのです。

なぜかというと、チャシ群のある根室半島は釧路《くしろ》空港から車で四時間近くかかる場所にあるのです。実に遠い！

私も実際に訪れましたが、夕方の便で釧路空港から新千歳《しんちとせ》空港に飛ばなくてはいけなかったため、訪れることができたのは見学のために整備が進んでいるヲンネモトチャシと、チャシやアイヌ民族を学ぶことができ「日本１００名城」のスタンプが置いてある、根室市歴史と自然の資料館だけでした。

あとは移動時間です！

◆北の海のミステリアスな魅力

チャシが築かれた時期は不明ですが、だいたい戦国時代から江戸時代にあたる十六〜十八世紀頃だとされています。

縄張りはとてもシンプル！　円形や方形の曲輪《くるわ》を設けて、その周囲に堀をめぐらせ、崖《がけ》の上に造られているものが多いです。

中でもヲンネモトチャシは、温根元湾《おんねもと》を見下ろす岬の上に築かれ、北を見ればオホーツク海が広がり、北方領土の歯舞《はぼまい》諸島や国後島《くなしり》を眺めることができます。

しかし、ヲンネモトチャシをはじめ、チャシ内にどういった建築物があったのかということなどは、ほとんどわかっておらず謎《なぞ》だらけなんです。このミステリアスさが大きな魅力です！

そして、訪れると周りのお城好きに自慢できるのもチャシの魅力ですね（笑）。

ヲンネモトチャシの見どころ！

ヲンネモトチャシの遠望、中央の岬がチャシ跡。チャシの麓の湾は温根元湾と呼ばれる

根室市歴史と自然の資料館に展示されているヲンネモトチャシのジオラマ

根室市歴史と自然の資料館にある日本とロシアの国境線の標石。「日露戦争」と「ポーツマス条約」を経て1906年（明治39）に樺太に設置されたもの。同館ではチャシ以外にも北海道にまつわる歴史や生態系などを学べる。オススメ！

ヲンネモトチャシ近くにある納沙布岬。ここが本土の最東端！

首里城〈しゅりじょう〉

○創建：十四世紀末
○現存：
○再建：正殿、守礼門、歓会門、久慶門、首里森御嶽など
○選定：日本100名城、世界遺産
○所在地：沖縄県那覇市首里金城町
○アクセス：ゆいレール首里駅から徒歩15分、または那覇バスターミナルからバス首里城前下車徒歩1分

パラメーター	
防御力	3
映えレベル	5
知名度	5
アクセス	3
異国情緒感	5

琉球国の王城はサンゴで造られている!?

1日も早い復興が望まれる正殿。中央の浮道が斜めの理由は謎。一説には聖地の首里森御嶽と直線に結ぶためとも

◆琉球王朝の石垣「琉球石灰岩」がスゴい

首里城は、かつて一四二九年から一八七九年まで約四百五十年にわたって存在した琉球《りゅうきゅう》国の王の城でした。十三世紀頃に築かれた王族の城は〝グスク〟とも呼ばれ、「琉球王国のグスク及び関連遺産群」には、首里城以外にもグスクでは今帰仁《なきじん》城・中城《なかぐすく》城・座喜味《ざきみ》城・勝連《かつれん》城が選ばれています。

アジア諸国との中継貿易で栄《さか》えた琉球国は、様々な国々（主に中国や日本）の文化を取り入れた独自の文化（「チャンプルー文化」と呼ばれる）を生み出しました。そのため首里城には、日本と中国の文化を融合した独特な建築用法が取り入れられています。

建物の構造は日本風ですが、外観は中国風に漆《うるし》で朱色《しゅいろ》に

塗られ、随所に龍（中国で国王の象徴とされる）がデザインされています。また、石垣は独特の曲線を描き、同時期の本島では考えられない高度な技術で積まれています。これには琉球国ならではの石材「琉球石灰岩《せっかいがん》」が関係していました。琉球石灰岩は沖縄県周辺にある堆積岩《たいせきがん》で、実はサンゴや貝殻によって形成されています。特徴としては〝削りやすい〟！　そのため、美しい曲線を描く石垣を築き上げることができたようです。通気性と保湿性も優秀ということで、琉球国の気候にもバッチリ合っていたのです。

◆防御施設ではなく「祈りを捧げる聖地」だった？

城内には、かつて「御嶽《うたき》」と呼ばれる場所が十ヶ所（「十嶽《とたけ》」と総称）あったといいます。御嶽とは神を祀《まつ》った男子禁制の聖地とされ、グスクに限らず、沖縄県各地に伝えられています。

首里城では、正殿のある御庭《うなー》に入る奉神門《ほうしんもん》の手前にある首里森御嶽《すいむいうたき》は『琉球開闢《かいびゃく》神話』で神によって造られたと伝わる場所で、最も格式の高い御嶽とされています。そのため、首里城などのグスクは元々は防御施設ではなく、信仰の聖地が起源ともいわれています。

一九四五年（昭和二十）の太平洋戦争の沖縄戦で焼失してしまった首里城ですが、二千円札でおなじみの守礼門《しゅれいもん》の復元をきっかけに、正殿《せいでん》など多くの建築物の復元が進められました。

ところが、ご存知の通り、二〇一九年（令和元）十月三十一日未明の火災で正殿、北殿と南殿が全焼、隣接する四棟にも延焼しました。実は首里城は、太平洋戦争以前にも一四五三年（享徳二）、一六六〇年（万治元）、一七〇九年（宝永六）と三度も焼失しています。しかし、その都度再建されて、琉球の象徴として存在してきました。

執筆現在（二〇一九年十一月上旬）、沖縄市のクラウドファンディングでの寄付金が二億円を超えるなど、再建の動きが早くも活発化しています。琉球のシンボルの復活を心より願っています！

首里城の見どころ！

サンゴの死骸などで形成された琉球石灰岩で築かれた曲線を描く石垣

琉球国の聖地とされる首里森御嶽

正殿の龍の装飾。中国の龍の爪は5本だが、首里城は中国王朝に遠慮して1本減らして4本にしたという

この項、画像はすべて国営沖縄記念公園（首里城公園）内の施設（画像提供：一般財団法人沖縄美ら島財団）

ヘンテコ名前城――昼寝城

昼寝城《ひるね》――思わず二度見をしてしまいそうな名前ですが、室町《むろまち》時代から安土桃山《あづちももやま》時代にかけて実際に讃岐《さぬき》（香川県）に存在したお城です。その珍名は〝昼寝をしていても、敵に落とされることはないほど堅固なお城である〟ことに由来しているそうです。

この地域の豪族だった寒川《さんがわ》家によって嘉吉年間（一四四一～四四）頃に築かれたといいます。城主の寒川家は昼寝城を拠点にして、虎丸《とらまる》城（東かがわ市。虎丸城が居城の時期もあったとも）や引田《ひけた》城（東かがわ市）に支城を設けて、現在の香川県東部にあたる寒川郡や大内郡、小豆島《しょうどしま》に勢力を張りました。しかし、寒川家は同じく讃岐に勢力を伸ばしてきた戦国大名の三好《みよし》家と対立し、支城の虎丸城や引田城を引き渡すこととなりました。そして、居城の昼寝城も三好家の軍勢に攻められ兵糧《ひょうろう》攻めを受けたものの落城することはなかったそうです。

その後も勢いを増した三好家は、寒川家を滅ぼそうと二度も昼寝城に総攻撃を仕掛けましたが、この時も落とすことはできなかったといいますから、その名前に偽《いつわ》りのない実績を残したようです。

昼寝城の縄張りなどくわしくわかっていない部分が多いのですが、発掘調査によると土塁や礎石、堀切《ほりきり》などが発掘され、標高四百六十メートルの昼寝山の山頂には寒川社が祀《まつ》られています。

恥ずかしながら、まだ攻めたことがないので、登城した暁《あかつき》には城跡で昼寝したい！（笑）

第七章

〝現存天守〟のここがヘンテコ！

江戸時代以前に築かれ、
現存している天守は全国で十二基！
お城好きなら一度は訪れたい
「現存十二天守」を持つ
お城の知られざる裏の顔？
ヘンテコなトリビアを一挙ご紹介！

備中松山城〈びっちゅうまつやまじょう〉

○創建：一二四〇年（仁治元）
○現存：天守、二重櫓、三の平櫓東土塀など
○再建：本丸南御門、東御門、五の平櫓、六の平櫓など
○選定：日本100名城
○所在地：岡山県高梁市内山下
○アクセス：JR伯備線備中高梁駅から車で10分

パラメーター	
防御力	4
映えレベル	4
知名度	3
アクセス	2
ニャン攻不落度	5

〝天空の城〟の現在の城主はネコ!?

猫城主「さんじゅーろー」と現存の天守。カワイイ！（画像提供：一般社団法人高梁市観光協会）

◆維新で売却されるも処分に困って放置の幸運（?）

備中松山城といえば、NHK大河ドラマ『真田丸《さなだまる》』のオープニングのロケ地として、あるいは、竹田《たけだ》城や越前大野《えちぜんおおの》城などとともに〝天空の城〟として有名ですね。

「日本三大山城《やましろ》」（他の二つは岩村《いわむら》城と高取《たかとり》城）に数えられる、臥牛山《がぎゅうざん》（標高四百七十八メートル）に築かれたお城で、現存天守を持つ城郭では最も高い場所（標高四百三十メートル）に位置しています。

歴史は古く、一二四〇年（仁治元）に鎌倉幕府から派遣《はけん》された地頭《じとう》（秋葉重信《あきばしげのぶ》）によって大松山城（臥牛山の山頂。現在の備中松山城の奥）が築城され、戦国時代に小松山（現在の備中松山城あたり）に城郭が拡張されたそうです。

現存の天守が築かれたのは一六八三年（天和三）、当時の城主・水谷勝宗《みずのやかつむね》による大改築の時だったといわれています。

一八七三年（明治六）の廃城令で売却されたのですが、解体などしようにも不便な山城だったことから、なんとそのまま放置されました。

その後、荒れ放題となった備中松山城が復活したのは昭和に入ってからのこと。地元の学生たちが山麓《さんろく》から瓦《かわら》を二万枚運ぶなどして、お城を再建したそうです。

◆猫城主、その名の由来は新選組⁉

そんな備中松山城に、二〇一八年（平成三十）に新たな城主が誕生しました。その名も「さんじゅーろー」！　かわいいネコちゃんです！（笑）

同年七月の豪雨の後にお城に迷い込んでそのまま住み着き、十二月に〝猫城主〟に就任しています。

名前の由来は、備中松山出身で新選組《しんせんぐみ》の七番隊隊長を務めた谷三十郎《たにさんじゅうろう》（兄の万太郎《まんたろう》、弟の周平《しゅうへい》も新選組の隊士。周平は近藤勇《こんどういさみ》の養子になった）です。猫城主・さんじゅーろーさんの写真撮影は自由みたいですが、尿路結石持ちらしいのでおやつを与えるのはNGだそうです。

ちなみに、名物の雲海がよく発生するのは十月下旬から十二月上旬の早朝で、最低気温が低い晴れの日を狙うと良いそうですよ。

備中松山城の見どころ！

現存十二天守では最高峰（標高430メートル）に位置する天守。天守台の石垣は岩盤の上に築かれている

二の丸から見た本丸。復元された櫓や門の奥に現存の天守が見える。右側の石垣と土塀が大河ドラマのオープニングに登場！

大手門跡。同じくこちらも大河ドラマのオープニングに登場!!!

備中松山城の見所の一つ「岩壁on石垣」。これも大河ドラマのオープニングに登場!!

弘前城〈ひろさきじょう〉

百年に一度の奇景！　天守のお引っ越し

○創建：一六一一年（慶長十六）
○現存：天守、辰巳櫓、丑寅櫓、三の丸追手門、二の丸東門
○再建：
○選定：日本100名城
○所在地：青森県弘前市大字下白銀町
○アクセス：JR奥羽本線弘前駅徒歩30分、車10分、またはバス市役所前下車徒歩4分

パラメーター	
防御力	4
映えレベル	5
知名度	4
アクセス	3
天守移動距離	5

曳家後の天守。背後には津軽の名山「岩木山」が見える時もあるが、私が登城した時は曇り……

◆石垣膨張修復プロジェクト！

お城めぐりの大きな魅力の一つである石垣ですが、年月が経つと石垣の内側の樹木の根や雨水などによって膨《ふく》らんでしまう「孕《はら》み」という現象が起きます。

近年、この問題に直面したのがここで紹介する弘前城です。本丸の東面の石垣が孕んでしまったのですが、そのままでは修復不可能……でした。なぜなら、この石垣の上には東北地方唯一の現存天守が建っていたためです。

石垣修復プロジェクトを実行するためには、一八一〇年（文化七）に本丸の辰《たつ》巳《み》櫓《やぐら》を改修する形で誕生した三重三階&高さ十四・四メートル&重さ約四百トンの天守をなんとかしなければならない——そこで約百年ぶりに行われることに

なったのが、一八九七年（明治三十）から一九一五年（大正四）にかけての修復工事でも行われた「曳家《ひきや》」です！

曳家とは、建物を解体することなく、ジャッキで持ち上げてレールや台車などで引っ張って移動する工法のことですが、まさに〝百年に一度〟の大イベントとなったのです。

二〇一五年（平成二十七）に曳家の工事が始まり、三ヶ月をかけて現存天守のお引っ越しが完了しています。

◆天守移動で新発見

私も「この貴重な光景をリアルに見たい！」ということで、「曳家直前・曳家中・曳家後」を実際に目撃してまいりました。あの特別感はたまらなかったです！

この修復工事では新たな発見もありました。天守の床下には石仏が安置され（石材として利用？江戸時代か明治・大正時代の改修時かは不明）、天守台のイカのような形をした隅石《すみいし》（石垣修復中は本丸に特別展示中）が使用されていたことなどがわかりました。

石垣の修復プロジェクトは現在も継続中で、二〇二三年まで行われる予定です。

曳家でお引っ越しした天守と修復中の本丸の石垣を生きているうちに見ることができるのはおそらく今だけ！（二〇一九年十一月上旬現在）

オススメの季節は、やはり春！　奈良県の吉野山《よしのやま》、長野県の高遠《たかとお》城址公園とともに「日本三大桜名所」に数えられる弘前城（弘前公園）の桜は絶品！

弘前城の見どころ！

曳家直前の天守、孕みのある石垣、そして埋め立てられた水堀

曳家中の天守。曳家体験ができるイベントに参加したかった……

弘前文化センターに立つ津軽為信の像。津軽為信は津軽藩の藩祖で、弘前城の築城を始めた地元の偉人！ ちなみに弘前城が完成したのは、その跡を継いだ子の津軽信枚の時代

正門となった三の丸・追手門。弘前城には築城当時の城門が5棟も現存している。スゴい！

姫路城
〈ひめじじょう〉

○創建：一三四六年（正平元）
○現存：大天守、東小天守、西小天守、乾小天守など
○再建：大手門、桜門橋など
○選定：日本100名城、世界遺産、国宝（大天守など）
○所在地：兵庫県姫路市本町
○アクセス：JR山陽本線姫路駅から徒歩20分

パラメーター	
防御力	5
映えレベル	5
知名度	5
アクセス	4
不戦力	5

衝撃事実！ 大天守に焼夷弾が直撃

「平成の大修理」直後の〝白すぎ城〟。明治時代に売却されたとする逸話、実は証明する史料は残っていない！

◆平成の大修復で「白鷺」ならぬ「白すぎ」城に

「世界遺産」に登録されているお城は全部で八つあります。〃白鷺《しらさぎ》城〃の異名を持つ姫路城と「古都京都の文化財」の二条城（167ページ）、「琉球王国のグスク及び関連遺産群」の首里《しゅり》城（209ページ）・勝連《かつれん》城・今帰仁《なきじん》城・中城《なかぐすく》城・座喜味《ざきみ》城、そして「長崎と天草地方の潜伏キリシタン関連遺産」の原《はら》城ですが、単体で世界遺産に選ばれているのは、この姫路城だけです。

二〇〇九年（平成二十一）から六年をかけて「平成の大修理」が行われ、修復直後には瓦の白漆喰《しろしっくい》が塗り立てホヤホヤでまぶしかったことから〃白すぎ城〃と話題になりました。

姫路城は、一三四六年（正平元）に赤松貞範《あかまつさだのり》が築城。その

後、赤松家から一族の小寺《こでら》家に渡り、そのまた家臣の黒田《くろだ》家が後に城主となりました。一五四六年（天文十五）には、黒田官兵衛《かんべえ》がこの城で誕生したといわれています。

一五八〇年（天正八）には官兵衛から羽柴秀吉《はしばひでよし》（織田信長《おだのぶなが》から中国地方の平定を任されていた）に献上されて改築（当時の石垣や壁が残る）され、一六〇〇年（慶長五）に城主となった池田輝政《いけだてるまさ》（徳《とく》川家康《がわいえやす》の娘婿《むこ》）によって大改築が始まり、現在残るような姿となりました。

その後、本多《ほんだ》家（徳川四天王・本多忠勝《ただかつ》の系譜）や榊原《さかきばら》家（徳川四天王・榊原康政《やすまさ》の系譜）、酒井《さかい》家（大老・酒井忠世《ただよ》、酒井忠清《ただきよ》らを輩出した家柄）など、城主が転々としたため、様々な家紋が入った瓦《かわら》が使われていることも姫路城の大きな特徴の一つです。

◆明治の売却話は〝都市伝説〟？

池田輝政の大改築が完了した一六〇九年（慶長十四）に建造された現存の大天守ですが、一九四五年（昭和二十）に爆発の危機に襲われています。七月三日の深夜から翌日未明、アメリカ軍による姫路空襲がそれで、姫路駅や姫路城あたりの市街地が焼け野原となりました。

この時、姫路城は空襲のターゲットとならないように黒い網を掛けられて〝黒鷺城〟に姿を変えていましたが、空襲を逃れることはできず、三の丸にあった鷺城《ろじょう》中学校は焼失し、千姫《せんひめ》（豊臣秀頼の正室。後に姫路城主・本多忠刻《ほんだただとき》の正室）の化粧櫓《けしょうやぐら》が残る西の丸にも二発の焼夷弾《しょういだん》が落とされました。

大天守にも百ポンドの焼夷弾が直撃し、窓から最上階に飛び込んだのです！　ところが、大天

姫路城の見どころ！

白漆喰塗り立てホヤホヤの瓦と千姫の化粧櫓が残る西の丸

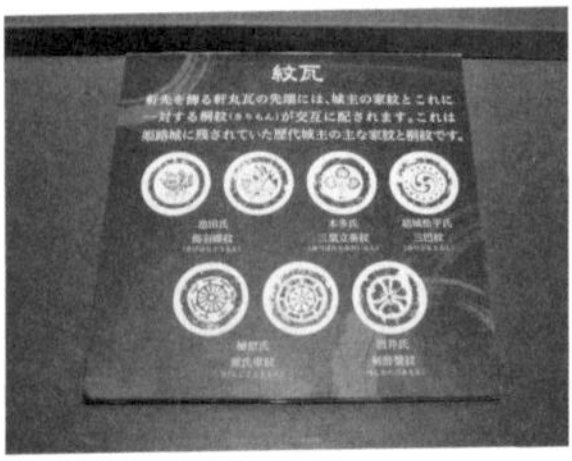

姫路城には様々な家紋の瓦が残されている。江戸時代に城主が転々とした姫路城ならでは！

羽柴秀吉・黒田官兵衛の時代の野面積の石垣。下山里という曲輪にある

空襲直後の姫路の市街地。焼け野原の先に姫路城の天守群が！（兵庫県立歴史博物館蔵「高橋秀吉コレクション」）

守は爆発しませんでした。運が良かったことに、大天守に直撃した焼夷弾は不発に終わったのです。空襲が終わった朝に発見されたこの不発弾は、命がけで城外までかつぎ出されたそうです。

このように空襲でも奇跡的に焼失を免《まぬか》れ、また「戊辰《ぼしん》戦争」でも新政府軍に包囲されたものの大きな戦いにならなかったことから、姫路市は〝不戦・不焼の城〟と称しています！

ちなみに、一八七三年（明治六）の廃城令を受けて姫路城は売却に出され、なんと二十三円五十銭（現在の価値で約四十七万円）で売られてしまったという逸話が残されていますが、実は売却を証明する当時の史料は実在していません。

この激安売却逸話は、「姫路城を落札したという神戸清一郎の息子である神戸清吉が、姫路城の所有権を主張して訴訟を起こすかも」という内容の記事が、一九二七年（昭和二）の読売新聞に掲載されたことに始まります。

しかし、神戸清吉の実際の父は「清一郎」ではなく「清次郎」であり、神戸清一郎という人物は神戸家に存在しませんでした。さらに、訴訟を起こそうとしていることを神戸清吉が後日否定するなど、裏どりや事実関係がゴチャゴチャな記事だったようです。

また、落札された範囲も、姫路城の全体なのか、大天守なのか、小天守などを含めたものなのか、もしくはそれ以外なのか、まったく不明瞭なのです。

この一件の真相は不明ですが、同じく現存天守の松本城（224ページ）や松江城（236ページ）も売却された事実を考えると、姫路城でも同じことが起きたのかもしれません。

松本城
〈まつもとじょう〉

○創建：永正年間（一五〇四〜二〇）（天守）
○現存：大天守、渡櫓、乾小天守、辰巳附櫓、月見櫓
○再建：黒門、太鼓門
○選定：日本100名城、国宝
○所在地：長野県松本市丸の内
○アクセス：JR篠ノ井線松本駅から徒歩20分

パラメーター	
防御力	4
映えレベル	4
知名度	4
アクセス	3
ポリフェノール	5

本丸に広がっていたリンゴ畑にブドウ畑

天守群と本丸。本丸は明治時代には果樹園や校庭などに使われた！

◆戦乱の息吹と太平の気分を同時に味わえる名城

松本城の天守群といえば、やっぱり北アルプスとのコントラストの美しさですね！　また、天守群の麓《ふもと》の幅約六十メートルの水堀に映る逆《さか》さ天守群も見事です。

天守群を構成するのは「大天守・渡櫓《わたりやぐら》・乾小《いぬいこ》天守」と「辰巳附《たつみつけ》櫓・月見櫓」の五つの現存建築物。

大天守・渡櫓・乾小天守は、一五九三〜九四年（文禄二〜三）に造られたという説もあり、現存十二天守で最古ともいわれています。

辰巳附櫓・月見櫓は、一六三三年（寛永十）に松平直政《まつだいらなおまさ》（徳川家康《とくがわいえやす》の孫）が城主となってから、江戸幕府三代将軍・徳川家光《いえみつ》を迎えるために造られました（道中に落石があったため、

結局来なかったんですが・笑)。そのため、大天守・渡櫓・乾小天守には狭間《さま》や石落としなど戦国の名残《なごり》があるのに対して、平和な時代に建てられた辰巳附櫓・月見櫓には見られません。この「戦国×平和」の天守群が見られるのも松本城だけです。

◆農業試験場として活用

そんな松本城の天守群は、明治時代に一旦は売却されたものの、地元の有志(市川量造《いちかわりょうぞう》と小林有也《こばやしうなり》。本丸にレリーフが立つ)が買い戻し、保存されることになりました。

一方で、本丸は一八八〇年(明治十三)から農業試験場として使われることになり、本丸では野菜や果物の新種の試験栽培が行われ始めました。主に広がっていたのはリンゴやブドウの畑だったそうです。

その後、一九〇二年(明治三十五)からは松本中学校の校庭となり、翌年からは約十年をかけて大天守の傾きを修復する「明治の大修理」が行われています。その傾きには、ある呪いの話が伝わっています。

一六八六年(貞享三)、松本藩で百姓一揆《いっき》「貞享騒動《じょうきょう》」が起きました。リーダー的存在だった多田加助《ただかすけ》は、捕らえられて処刑される際に、天守を睨《にら》んで絶叫しました。その時に大天守がグラっと西に傾いたといいます。信じるか信じないかはお主《ぬし》次第と申し上げたいところですが、どうやらこの逸話は大天守が明治時代に支持柱が腐って傾き始めたために誕生した都市伝説のようです。

松本城の見どころ！

二の丸の東側に1999年（平成11）に復元された枡形門。手前の高麗門と奥の太鼓門によって形成されている

水堀と天守群。〝逆さ富士〟ならぬ、逆さ天守群！

太鼓門の脇の、高さ３メートル81センチ、重さ22.5トンの松本城最大の石垣の「玄蕃石」。松本城を築城した石川康長の官職名「玄蕃守」に由来

農業試験場時代の松本城の本丸。広がるのはリンゴ畑と手前にブドウ畑（画像：松本城管理事務所蔵）

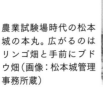

犬山城〈いぬやまじょう〉

二十一世紀に入っても、まさかの個人所有だったお城

○創建：一五三七年（天文六）
○現存：天守、黒門（徳林寺に移築）、内田門（瑞泉寺に移築）など
○再建：鉄門
○選定：日本100名城、国宝（天守）
○所在地：愛知県犬山市大字犬山北古券
○アクセス：名鉄犬山線犬山駅から徒歩20分

パラメーター	
防御力	3
映えレベル	4
知名度	4
アクセス	3
対・戦国三英傑	1

1537年（天文6）の築城時に2階まで造られたという天守。現存十二天守で最古という説も

◆現存最古の「天守」？

全国のお城の跡地は自治体などが管理するのが一般的ですが、〝白帝《はくてい》城〟の異名（中国の長江《ちょうこう》の崖《がけ》上に建つ「白帝城」が由来）を持つ犬山城は違いました。二〇〇四年（平成十六）まで、なんと日本で唯一の個人所有のお城だったのです。

所有してきたのは「成瀬《なるせ》さん」。江戸時代に尾張徳川《おわりとくがわ》家の重臣で、犬山城の城主を代々務めた成瀬家の末裔《まつえい》にあたるお方です。

犬山城は、一八七一（明治四）の廃藩置県《はいはんちけん》で廃城となり、名古屋県（後に愛知県に改称）の管轄《かんかつ》となりました。しかし、一八九一年（明治二十四）の濃尾《のうび》地震で天守が半壊する大被害を受けると、修復と保存を条件に、旧城主だった成瀬正《まさ》

肥《みつ》に無償で譲渡されました。そして、その後、百年以上「成瀬さん」が所有したわけなのです。

ちなみに、現在は財団法人犬山城白帝文庫が管理を行っています。

そんな犬山城は、一五三七年（天文六）に織田信康《おだのぶやす》（信長《のぶなが》の叔父）によって築城されたといわれ、現存する天守の二階部分まではこの時に造られたと考えられています。そのため、現存十二天守で最古といわれることもあります。

◆信長・秀吉・家康――三英傑が攻め落とす！

築城以後、犬山城は〝戦国の三英傑〟によって攻め落とされています。一五六四年（永禄七）に織田信長、一五八四年（天正十二）に羽柴秀吉《はしばひでよし》、一六〇〇年（慶長五）に徳川家康《いえやす》がそれぞれ攻め落としています。家康の時は開城に近いのですが、信長と秀吉の時はそれなりの戦闘があったようなので、よくぞ燃えずに残ってくれたものです！　あの三英傑が天守に残る柱や梁《はり》に触れたり、天守から見える濃尾平野の景色を眺めたりしたのかと思うと、ホントたまらんですね。

個人的に、犬山城を堪能《たんのう》するためのキーワードは「木曾川《きそがわ》」です。白帝城の異名が物語るように、犬山城は木曾川の断崖《だんがい》に築かれています。その背後の防御力こそ、最大の魅力かと思います。

オススメのスポットは、夏場に開催されている「鵜飼《うかい》」（歴史はなんと千三百年以上！）の観覧船や、お隣の岐阜県各務原市《かかみがはら》に架かる「ライン大橋」の橋上、信長が犬山城を攻めた際に陣を構えたという伊木山《いぎやま》城の中腹の展望台などです。江戸時代の雰囲気《ふんいき》が残る城下町も最高！

犬山城の見どころ！

木曽川の鵜飼船から見上げる犬山城。名物の鵜飼は夏場に開催

天守の最上階から見た木曽川とライン大橋。対岸に見える山が織田信長が陣を張ったという伊木山城！

天守に付随する付櫓。天守の入り口を攻める敵兵に横矢を掛ける

天守の北西の隅に設けられた石落とし。戦国時代の名残り、天守台の野面積の石垣も良い！

丸岡城
〈まるおかじょう〉

○創建：一五七六年（天正四）
○現存：天守、裏門（興善寺に移築）、不明門（丸岡町の民家に移築）など
○再建：
○選定：日本100名城
○所在地：福井県坂井市丸岡町霞町
○アクセス：アクセスJR北陸本線福井駅、同芦原温泉駅からバス丸岡城前下車すぐ

パラメーター	
防御力	3
映えレベル	3
知名度	3
アクセス	2
聖地巡礼度	5

映画のロケ地に！ 天守ギリギリをヘリコプターが飛ぶ!?

実は最古の現存十二天守という話もあった天守。寛永年間（1624〜44年）に建築された？

◆地震で倒壊も、資材そのままに再建

丸岡城の天守といえば、やはり「石瓦」ですね！ 足羽《あすわ》山《やま》（福井県福井市）で採れる笏谷石《しゃくだにいし》で作られた独特の瓦が葺《ふ》かれています。これは寒冷な気候や豪雪に耐えるためだといわれています。

現存天守であるものの、実は一九四八年（昭和二十三）の福井地震で一度倒壊しています。その七年後に元の資材を再利用して再建されたものが現在の天守です。

柴田勝豊《しばたかつとよ》（織田信長《おだのぶなが》の重臣・柴田勝家《かついえ》の甥《おい》）が一五七六年（天正四）に築城したといわれ、天守もその時に造られた現存最古という説もありましたが、近年の調査の結果、天守の木材は一六二〇年代後半以降に伐採《ばっさい》されたことがわかりました。

つまり、天守は本多成重《ほんだなりしげ》（丸岡藩初代藩主。妻への日本一短い手紙「一筆啓上、火の用心、お仙《せん》泣かすな、馬肥《こ》やせ」が有名）の時代の寛永年間（一六二四〜四四）に建てられたことが判明し、犬山《いぬやま》城や松本《まつもと》城との最古レースから離脱しています。

◆今じゃ考えられない無謀なロケとは？

とはいえ、超貴重な天守であることは間違いありません。

そんな丸岡城の天守で、戦国時代を描いた有名な映画のロケが行われています。一九七九年（昭和五十四）公開の『戦国自衛隊』（監督・斎藤光正《さいとうみつまさ》、原作・半村良《はんむらりょう》）です！　この映画は、演習中の自衛隊が戦国時代にタイムスリップして戦国武将とともに戦うSFモノです。公開当時私はまだ生まれていないので、DVDをレンタルして観たのですが、途中の丸岡城（映画では「春日《かすが》城」の設定）のロケシーンで驚きました。

春日城に登城した長尾平三景虎《ながおへいぞうかげとら》（夏八木勲《なつやぎいさお》さん演）が天守の最上階で殺陣《たて》を繰り広げるのですが、これが実際の丸岡城の天守の中なのです！　貴重な文化財が、危ない(笑)！　さらに、自衛隊員・伊庭義明《いばよしあき》（千葉真一《ちばしんいち》さん演）がその援軍として現れるのですが、まさかのヘリコプターで空から参上！　そして、天守ギリギリでホバリングしながら銃撃！　さらに、そのヘリコプターに長尾平三景虎が梯子《はしご》を使って飛び乗るのですが、それを追いかける敵が天守の廻縁《まわりえん》からダイブ！

物語の内容とはまったく関係なく、今の時代だったら絶対NGな、ヒヤヒヤシーンでした。

丸岡城の見どころ！

最上階の廻縁（現在は立ち入り禁止）。
映画では敵兵がここからダイブ！

映画『戦国自衛隊』の戦闘シーンの
撮影が行われた最上階

天守に葺かれた笏谷石で作られた石瓦。この辺りからも敵兵がダイブ！

映画『戦国自衛隊』のワンシーン。天守にぶつからないかヒヤヒヤ！（©KADOKAWA 1979）

彦根城〈ひこねじょう〉

「天下普請×リサイクル」で築城されたコスパ最高のお城

○創建：一六二二年（元和八）（天守、附櫓及び多聞櫓）
○現存：天守、天秤櫓、太鼓門、西の丸三重櫓、二の丸佐和口多聞櫓など
○所在地：滋賀県彦根市金亀町
○再建：表御門
○アクセス：JR東海道本線彦根駅から徒歩15分
○選定：日本100名城、国宝

パラメーター	
防御力	4
映えレベル	4
知名度	5
アクセス	4
コスパ	5

大津城から移築されたという天守。移築前は4重5階だったそう！

◆佐和山城の不便さを解消するため築城

彦根城に毎日登場している人気者といえば「ひこにゃん」！カワイイですよね〜。

「兜《かぶと》×猫」は彦根城の城主だった井伊《いい》家に由来します。兜は歴代城主が所有した天衝脇立《てんつきわきだて》を付けた赤備《あかぞな》えの兜がモデルで、猫は初代藩主（二代とする場合も）の井伊直孝《なおたか》が猫に招かれてある寺院に入ったため雷に当たらずに済んだという逸話（その寺院は井伊家の菩提寺《ぼだいじ》・豪徳寺《ごうとくじ》に。元は世田谷城。62ページ参照）にもとづきます。

一六〇〇年（慶長五）の「関ヶ原の戦い」で軍功を挙げた井伊家（当時の当主は〝徳川四天王〟の井伊直政《なおまさ》）は、それまで石田三成《いしだみつなり》が居城としていた佐和山《さわやま》城と周辺の領地を与えら

れますが、山城で不便だったため、琵琶湖《びわこ》沿岸に新たに湖城を築くことになりました。それが彦根城です。

◆迅速な築城を可能にした資材の流用

井伊直政が関ヶ原で島津義弘《しまづよしひろ》の軍勢に狙撃された傷が原因で亡くなると、十三歳の井伊直継《なおつぐ》（直政の長男。後に病弱や暗愚などを理由に分家の安中《あんなか》藩初代藩主になったため、彦根藩初代藩主に数える場合と数えない場合がある）が継ぎ、彦根城の築城計画は家老の木俣守勝《きまたもりかつ》（屋敷跡が佐和口を入ってすぐ右手に残る）が取り掛かることになりました。一六〇四年（慶長九）から築城が始まり、二年後には天守など主要な部分が完成（御殿や城下町などを含めた完成はこの十六年後）します。このように短期間で主要部を築けたのは、江戸幕府のある築城プロジェクトが関係していました。

当時、まだ大坂城の豊臣《とよとみ》家は健在だったため、徳川家康《とくがわいえやす》は豊臣家対策として全国の大名を動員する「天下普請《てんかぶしん》」によって要衝《ようしょう》に築城（膳所《ぜぜ》城、加納《かのう》城、二条《にじょう》城など）を始めていました。その一つが彦根城であり、徳川一門の尾張《おわり》藩や越前《えちぜん》藩など七ヶ国十二大名が動員されました。

幕府は迅速《じんそく》な築城をするために、周辺の城郭や寺院などから建物や資材を流用しました。天守は大津《おおつ》城、天秤櫓《てんびんやぐら》は長浜《ながはま》城、石垣や資材は佐和山城、西の丸三重櫓は小谷《おだに》城（解体修理の時に移築の痕跡はなかったが……）、そして太鼓門《たいこもん》は彦根寺《ひこねでら》から移築されたと伝えられています。

つまり、天下普請による大動員に加え、建築物や資材のリサイクルがあったため、スピーディかつコスパの良い築城ができたというわけです！

彦根城の見どころ！

時代劇のロケでよく使われる天秤櫓。羽柴秀吉が築いた長浜城から移築したという。天秤のような形をしているのが由来

井戸曲輪の高石垣。映画『関ヶ原』にエキストラで参加した時、ここでロケでした！　ちなみに私は宇喜多秀家隊の鉄砲足軽役

大雪でも仕事をする「ひこにゃん」

表門の脇の「鉢巻石垣＆腰巻石垣」。土塁の上部だけ石垣を積んだものを鉢巻土塁、下部だけ積んだものを腰巻土塁という。彦根城以外には、江戸城など数ヶ所しかなく、実は非常にレアなもの！

松江城〈まつえじょう〉

○創建：一六一一年（慶長十六）
○現存：天守
○再建：太鼓櫓、中櫓、南櫓、北惣門橋、千鳥橋など
○選定：日本100名城、国宝（天守）
○所在地：島根県松江市殿町
○アクセス：JR山陰本線松江駅からバス大手前下車すぐ。一畑電鉄松江しんじ湖温泉駅から徒歩20分

パラメーター	
防御力	4
映えレベル	5
知名度	3
アクセス	3
怪談力	5

城に伝わる、ホントにあった怖い話とは？

1611年（慶長11）に建てられたことが判明した天守。狭間、石落とし、井戸、厠など籠城用の施設が残る

◆パズルのように証明！　六十三年ぶりの国宝指定

松江城は、二〇一五年（平成二十七）に天守が国宝に指定されたばかりのホットなお城です。

五件目となった天守の国宝指定（他の四つは松本《まつもと》城・犬山《いぬやま》城・彦根《ひこね》城・姫路《ひめじ》城）は、実に六十三年ぶりのメモリアルな出来事でした。

国宝になった大きなきっかけというのが、築城年が記された長さ約七十センチの板でした。

これは、一九三七年（昭和十二）の調査では存在が確認されていた二枚の祈禱札《きとうふだ》（天守の安全祈願）でした。松江市が懸賞金をかけて探したところ、松江神社からついに発見！

そこには墨で「慶長十六」（一六一一年）と書かれているこ

とがわかりました。

しかし、この祈禱札が松江城のものであると証明しなければなりません。この祈禱札には柱にかけた時の釘穴《くぎあな》のようなものがあったので、その穴と合致する柱を探しました。すると、その穴が天守の地下の柱に付いた穴とピッタリ合致！ 築城年が確定したことで、松江城の天守はめでたく国宝に指定されたのです。

築城した人物は、大手門《おおてもん》の前に銅像が立っている尾張《おわり》（愛知県）出身の堀尾吉晴《ほりおよしはる》。一六〇〇年（慶長五）の「関ヶ原の戦い」の武功で出雲《いずも》（島根県）に領地をもらうと、一六〇七年（慶長十二）から松江城の築城を開始（当初の居城は月山富田城《がっさんとだ》。資材を松江城に流用）、四年後に完成させました。

ちなみに現存天守は一八七三年（明治六）廃城令を受けて、なんと一度売却されています。しかし、地元の有志の方々によって買い戻され、保存が決定！ 現在に至っています。

◆コワくてサム〜い、人柱の呪い

そんな松江城には、ちょっとコワ〜いお話が伝わっています。

築城時、天守台の石垣が何度も崩れてしまったそうです。そこで人柱《ひとばしら》を立てることになったというのです。堀尾家は盆踊りを開催して、踊りの上手な美しい若い娘を選んで人柱としました。お城は無事に完成したものの、その後、城下で盆踊りが開かれて女性が踊ると、松江城に恐ろしい現象が起きました。なんと、お城全体がグラグラと大きく揺れたのです！

松江城の見どころ！

穴太衆が手掛けた高石垣。全体の5年の工事の内、3年をかけた力作

個人的に超オススメなのが、松江城の外堀をめぐる「堀川めぐり」。低い橋を潜る時、屋根が上下に動く！

太鼓櫓の跡の下にある「ハート形の石垣」。島根県といえば恋愛のパワースポットの出雲大社が有名ですが、この♡石垣も恋愛にご利益があるとかないとか！

松江城のイベント『武者の日』の出演時に、まつえ若武者隊とまつえ時代案内人の皆さんと1枚

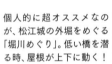

そのため松江では江戸時代から盆踊りが禁止され、実は現在でも城下町では盆踊りは行われていません。

その後、堀尾家、京極《きょうごく》家が城主を務めた時代を経て、一六三八年（寛永十五）から松平直政《まつだいらなおまさ》（徳川家康《とくがわいえやす》の孫。結城秀康《ゆうきひでやす》の子。三の丸跡の県庁に銅像が建つ！）が入城します。

松平直政が初めて天守に登った時、また不思議な現象が起きました。最上階に登ると、直政の目の前に突然、死装束《しにしょうぞく》の女が現れたのです！

そして、

「この城は、わらわのもの」

と言い放ちました。

それに対して、松平直政はすぐに、

「ならば〝このしろ〟をくれてやろう」

と返答し、翌日に最上階にあるものを置きました。

それがコノシロでした。コノシロとは、江戸前寿司で定番のコハダが成長した、ニシン科の魚です。

これを三方《さんぼう》に置いておくと、翌朝にはなくなっていました。家臣たちが探すと、三方は見つかったものの、コノシロだけは結局見つかりませんでした。そして、その後、女の幽霊は姿を現さなかったそうです……。

まさかのダジャレで祟《たた》りを回避！　という松江城の怖い（？）お話でした（笑）。

松山城 〈まつやまじょう〉

天守の板に描かれた百五十年前の大工の落書き！

○創建：一六二七年（寛永四）
○現存：天守、乾櫓、野原櫓、戸無門、隠門など
○再建：小天守、南隅櫓、北隅櫓、太鼓門、筒井門など
○選定：日本100名城
○所在地：愛媛県松山市丸之内
○アクセス：JR予讃線松山駅から松山市内線大街道下車徒歩5分。松山空港から道後温泉前行きバス大街道下車徒歩5分

パラメーター	
防御力	4
映えレベル	4
知名度	3
アクセス	3
幕末のバンクリー	5

重厚感あふれる連立式天守。右が現存の大天守、左が復元の小天守

◆〝日本最後の完全な城郭建築〟

現存十二天守の中で最新の天守を持つのが松山城です。

一六〇三年（慶長八）に加藤嘉明《よしあき》（「賤《しず》ヶ岳《たけ》七本槍《ななほんやり》」の一人。豊臣秀吉《とよとみひでよし》→徳川家康《とくがわいえやす》の家臣）によって築城が始まり、一六二七年（寛永四）に蒲生忠知《がもうただとも》（織田信長《おだのぶなが》の娘婿《むこ》・蒲生氏郷《うじさと》の子）が完成させたといいます。

嘉明の時に五重だったという天守は、一六四二年（寛永十九）に松平定行《まつだいらさだゆき》（徳川家康の甥《おい》）によって三重に改築されます。しかし一七八四年（天明四）元旦、落雷によって焼失しました。

江戸時代後期に再建プロジェクトが始動、日米和親条約が結ばれた一八五四年（安政元）に天守が復興され、現存して

います。現存で最新の天守であることから〝日本最後の完全な城郭建築〟と称されることもあります。ちなみに、幕末までずっと、松平定行に始まる久松《ひさまつ》松平家が城主を務めたため、現存天守では唯一「葵《あおい》の御紋《ごもん》」が使用されています。

◆連立天守が魅力、ラグジュアリーな空間

天守などの修復工事が、二〇〇四年（平成十六）から約二年かけて行われた際に、城郭史上に残る珍発見がありました。天守の二階に使われていた板の裏面に、侍の似顔絵が描かれていたのです！　やや面長《おもなが》のすっきりしたフェイスラインに、キリッとした切れ長の目、キュッと真一《まいち》文字《もんじ》に閉じられた口、フォーマルな裃《かみしも》！　ちょっと、要潤《かなめじゅん》さんに似ているような(笑)？

大工さんの遊び心だったのでしょうか、誰が、何のために描いたのかは一切不明ですが、見ている者の頬《ほお》の力が緩《ゆる》むホッコリした似顔絵です。この板は現在、天守内に展示されています。

〝大天守〟ともいわれる松山城の天守は「連立式」で構成されています。これは大天守を、渡櫓《わたりやぐら》などで小天守や櫓と繋《つな》ぎ、上から見ると四角のような形にしたデザインのことです。

松山城の連立式の天守は、実は一九三三年（昭和八）に放火されています。大天守と繋がる小天守や南隅《すみ》櫓、北隅櫓とそれを繋げる多聞《たもん》櫓は焼失しましたが、大天守は運良く焼失を免《まぬか》れています。その後、大天守以外の建築物は一九六八年（昭和四十三）に木造で復元されているのですが、松山城は合計で二十二棟の建築物を木造で忠実に復元しています。重要文化財に指定されている現存建築物も二十一棟もあるという、お城好きにとってラグジュアリーな場所なのです！

松山城の見どころ！

天守の板の裏面に描かれた「侍の落書き」。裃を着ているから現場監督の奉行？（画像提供：松山城総合事務所）

松山城の本丸行きのリフト。奥にちょこっと大天守が！

〝隠れ・築城名人〟の加藤嘉明が手掛けた高石垣。随所に見られる屏風折が実にお見事

本丸の売店に設置されていた、愛媛県名物のみかんジュースの販売機。なんと蛇口をひねるとみかんジュースが出てきました。たまたま遭遇できてラッキー！

宇和島城
〈うわじまじょう〉

幕府のスパイを翻弄した!? 秘技「空角《あきかく》の経始《なわ》」

○創建：一六〇一年（慶長六）
○現存：天守、上り立ち門
○再建：
○選定：日本100名城
○所在地：愛媛県宇和島市丸之内
○アクセス：JR予讃線宇和島駅から徒歩10分

パラメーター	
防御力	3
映えレベル	3
知名度	3
アクセス	3
対スパイ	5

1666年（寛文6）に完成した天守。建築したのは伊達政宗の孫・宗利！

◆戦闘は想定外？　太平の世の天守

全国で唯一、現存天守を二つ持つ愛媛県。松山城（240ページ）のある松山から特急電車に乗って約九十分で宇和島駅に着きます。そこから徒歩約十分で宇和島城に着陣です。

現在は埋め立てられてしまっていますが、かつては北から西が海に面し、堀に海水を引いた水城《みずじろ》（海城《うみじろ》）でした。

この地には戦国時代以前から「板島丸串城《いたじままるぐしじょう》」と呼ばれた西園寺《さいおんじ》家のお城がありましたが、一五九六年（慶長元）から城主になった〝築城名人〟で知られる藤堂高虎《とうどうたかとら》が大改築を行い、五年後の一六〇一年（慶長六）に完成させて「宇和島城」と名付けました。その後、一六六二年（寛文二）から伊《だ》達《て》宗利《むねとし》（伊達政宗《まさむね》の孫）が改修を行い、九年後に竣工《しゅんこう》。

藤堂高虎時代にも三重の天守（天然の岩盤の上に建っていたという！）はあったようですが、現存する天守は伊達宗利によって一六六六年（寛文六）に新たに建てられたものです。

本丸の城壁からは離れて位置する天守には、唐破風《からはふ》を設置した玄関があり、石落としや狭間《さま》もないことから戦闘用ではなく〝太平の世を象徴する天守〟となっています。

◆築城名人のワザが冴えわたる縄張り術

現存天守は改築で戦闘を想定しない造りとなったものの、藤堂高虎が仕掛けた独特な縄張り術は遺《のこ》っています。その縄張り術を「空角《あきかく》の経始《なわ》」といいます。これは、実際は上から見ると五角形「⬠」なのに、四角形「□」と勘違いさせる縄張り術です。空けられた一つの面を使用して、敵兵に奇襲を掛けたり、逃げ落ちたりするために設けられたと考えられています。

藤堂高虎の築城から二十六年後の一六二七年（寛永四）、幕府から派遣《はけん》された甲賀《こうか》のスパイ（密偵、忍者）が、四国の七つのお城を偵察しています。讃岐《さぬき》（香川県）の高松城（119ページ）、阿波《あわ》（徳島県）の徳島城、土佐《とさ》（高知県）の高知城（249ページ）、伊予《いよ》（愛媛県）の大洲《おおず》城（92ページ）・今治《いまばり》城（128ページ）・松山城、そして宇和島城です。そこで幕府のスパイは、宇和島城の縄張りを「四方」と記しているのです。つまり「空角の経始」にまんまとハマってしまったのです！

まさに藤堂高虎の縄張りの妙！……と言いたいところですが、この密偵の報告書は縄張りの絵図に歪《ゆが》みがあったり、人物名に誤りがある部分もあったりと、他にもミスが所々あります。

藤堂高虎の縄張りも確かにスゴいんですが、幕府のスパイ側に問題があったかもです（笑）。

宇和島城の見どころ！

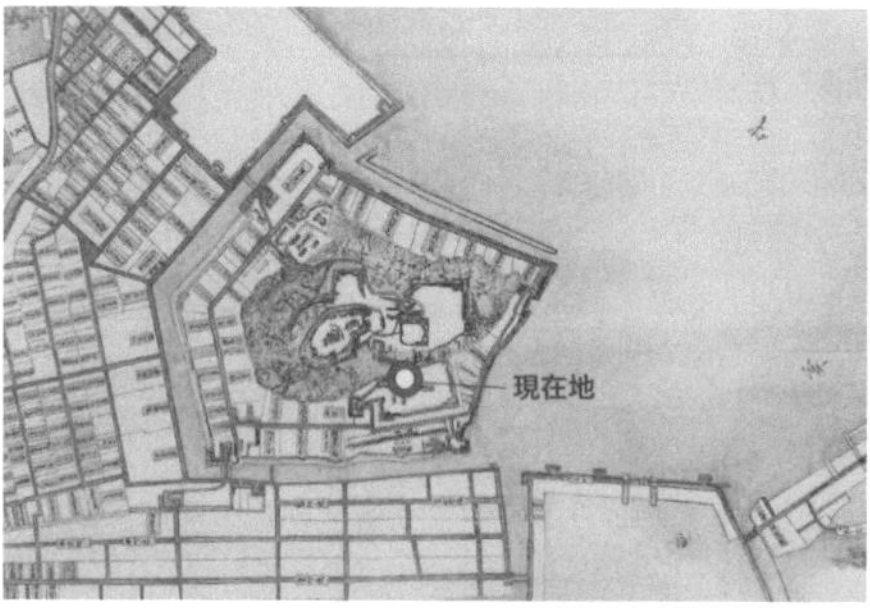

1703年（元禄16）「宇和島城下古絵図」。五角形の縄張りをした海城。写真は登城口のパネルを撮影

藤兵衛丸の石垣。藤堂高虎時代の野面積。実に見事！

天守から二の丸と城下を望む。かつては海に面していた

天守内に展示されている「天守雛形」。1860年（万延元）に大改修が行われた際に作成されたものが現存！

丸亀城

〈まるがめじょう〉

廃城を逃れたのは幕府にウソをついたから!?

○創建：一六〇二年（慶長七）
○所在地：香川県丸亀市一番丁
○現存：天守、大手一の門、大手二の門、玄関先御門、番所、長屋
○アクセス：JR予讃線丸亀駅から徒歩10分
○再建：
○選定：日本100名城

パラメーター	
防御力	4
映えレベル	4
知名度	3
アクセス	4
石垣の高さ	5

現存の大手門（高麗門の「大手二の門」＆櫓門の「大手一の門」）から見上げた現存の天守

◆石垣日本一の城

日本で一番高い石垣を持つお城といえば大阪城（約三十二メートル、本丸の東側。現在残る石垣などは豊臣秀吉《とよとみひでよし》のものでなく徳川秀忠《とくがわひでただ》が再建）ですが、城下から本丸までのトータルの高さでいうと日本一は約六十メートルの丸亀城です！

標高六十六メートルの亀山に築かれているため、別名「亀山城」と呼ばれたり、中国神話に登場する、甲羅に蓬莱山《ほうらいざん》という山を背負った亀に由来して「蓬莱城」とも呼ばれたりします。〝石垣の名城〟や〝石の城〟と称されることもある丸亀城は、一五九七年（慶長二）に讃岐《さぬき》（香川県）を与えられた生駒親正《いこまちかまさ》（豊臣秀吉の重臣）が、高松城の支城として、約六年をかけて築城しました。

しかし、丸亀城にはすぐに廃城が命じられます。一六一五年（慶長二十）に江戸幕府が定めた一国一城令により、例外もあったものの基本的に「大名の領国に城は一つ」とされたからです。当時の城主・生駒正俊《まさとし》（親正の孫）の居城は高松城だったため、丸亀城は廃城と決まったわけです。

こうして丸亀城の運命は終わりを迎えました……となるはずだったのですが、生駒正俊は丸亀城を樹木で覆《おお》い隠して人の出入りを禁止、「廃城にしました」とウソをつき、破城を免《まぬか》れたと伝えられているのです。しかし、現在残されている石垣の下からは、壊された石垣が発掘されているので、おそらく樹木隠しは伝承に過ぎず、一旦廃城になったと考えられています。

◆崩れた石垣、お城好きの力で早期の復活を！

その後、一六四〇年（寛永十七）の「生駒騒動」で生駒家は改易《かいえき》となると、翌年、山崎家治《やまざきいえはる》（徳川秀忠《ひでただ》が再建した大坂城の本丸などの石垣を担当）が丸亀に領地を与えられ、丸亀藩が誕生します。そして、一六四三年（寛永二十）から丸亀城の再建工事が始まりました。

その後、三十年以上にわたって築城が続けられて、現在残る〝扇の勾配《こうばい》〟が美しい日本一の石垣が築かれました。ちなみに現存の天守は、後継者がいなかったため改易となった山崎家に替わって京極高和《きょうごくたかかず》（祖父は浅井《あざい》三姉妹の次女・初《はつ》を正室に持つ京極高次、養父は徳川秀忠の娘を正室に持つ京極忠高《ただたか》）が城主となっていた一六六〇年（万治三）に完成したといいます。日本一の高さの石垣を誇りますが、高さ十五メートルの天守は現存十二天守の中では最も低いものです。

丸亀城の素晴らしい石垣ですが、二〇一八年（平成三十）に豪雨と台風の影響で「三の丸・

坤《ひつじさる》櫓跡」やその下の「帯曲輪《おびくるわ》」の石垣が崩壊してしまいました。現在、修復を行うため、天守や丸亀市役所、丸亀駅構内の観光案内所などに「がんばれ！　丸亀城応援募金」の募金箱が設置されている他、ふるさと納税による寄付や「がんばれ丸亀城支援金」という口座も開設されています。

お城好きの力で、丸亀城を代表する坤（南西）方面の高石垣を復活させましょう！

丸亀城の見どころ！

本丸から見た現存天守。江戸初期に建築されたが狭間や石落としも完備！

本丸の姫櫓跡の高石垣と天守

2018年（平成30）の石垣の崩壊状況（画像提供：丸亀市教育委員会）

高知城〈こうちじょう〉

○創建：十四世紀半ば？
○現存：天守、本丸御殿、黒鉄門、追手門、詰門など
○再建：
○選定：日本100名城
○所在地：高知県高知市丸ノ内
○アクセス：JR土讃線高知駅から徒歩25分、またはバス高知城前下車すぐ

パラメーター	
防御力	3
映えレベル	4
知名度	4
アクセス	3
ライトアップ	5

地元ピアノバーのママが始めた名物・ライトアップ！

現存の天守と本丸御殿（懐徳館）。天守と御殿がセットで現存するのは高知城だけ！

◆天守とセットで楽しめる本丸御殿と追手門のレア感

全国にライトアップされているお城はたくさんありますが、その中で「日本三大夜城」に選ばれているお城があります。大阪城と高田《たかだ》城（新潟県上越市。「日本三大夜桜」にも選ばれている）と、もう一つが高知城です。

南北朝時代に前身の大高坂山《おおたかさかやま》城が築かれたとされ、安土《あづち》桃山《ももやま》時代には長宗我部《ちょうそかべ》元親《もとちか》が一時的に居城とします。一六〇〇年（慶長五）の「関ヶ原の戦い」で長宗我部家が改易《かいえき》となると、山内一豊《やまうちかずとよ》がこの地を与えられ、翌年から大改築を行いました。

一六〇三年（慶長八）に本丸などの石垣が完成すると「河中山《こうちやま》城」と名を改め、一六一〇年（慶長十五）に度重なる

水害があったため「河中」の名を避けて「高智山城」と再改名されます。その後、「山」が省略されて「高知城」と呼ばれるようになりました。

屋根瓦《やねがわら》のグレーと漆喰《しっくい》のホワイトのコントラストが鷹《たか》の姿を彷彿《ほうふつ》とさせることから〝鷹城〟の異名を持つ高知城は、一七二七年（享保十二）に城下町で発生した火事が延焼して、一六六四年（寛文四）に建てられた追手門《おうてもん》を残して、天守をはじめとしたほとんどの建築物が焼失してしまっています。その二年後から再建工事が始まり、現存天守は一七四九年（寛延二）に再建され、一七五三年（宝暦三）に築城当時の姿を取り戻したものです。

ちなみに「天守と追手門（大手門）」がセットで現存する城は高知城以外では弘前城《ひろさき》（217ページ）と丸亀城《まるがめ》（246ページ）のみ、「天守と本丸御殿」がセットで現存するのは高知城だけです！

◆今では高知名物！　名城のライトアップ

現在、追手門や天守などがライトアップされ、夜の名城としても有名になった高知城ですが、実はライトアップを始めたのは自治体ではなく、高知城のかつての城下町に店を構えるピアノバー「赤い靴」のママさんだそうです。

一九八六年（昭和六十一）十月に現在の場所（ビルの八階）に移転してきたママさんは、ライトアップが行われていないことを残念に思い、自治体にライトアップを提案しました。しかし、提案は却下されてしまったため、なんと自腹で四百万円のライトを購入してビルの屋上に設置！

ボタン一つで誰でも現存天守をライトアップできるようにしたのです。

　その後、自治体をはじめ多くの団体が協力をするようになり、ライトアップは高知城の名物となったそうです。ちなみに「赤い靴」でのライトアップは今も店内で行うことができます。私もお店におじゃまして点灯させてもらいました！　営業時間は十九時から二十四時で、年中無休だそうです。お城愛溢《あふ》れるママさんがお迎えしてくれますよ。

高知城の見どころ！

現存の追手門。天守とセットで残るのは全国で3ヶ所だけ

野面積の石垣と石樋。降水量が多い地域のため排水に長けた野面積が使われ、排水のための石樋が16ヶ所も設置！

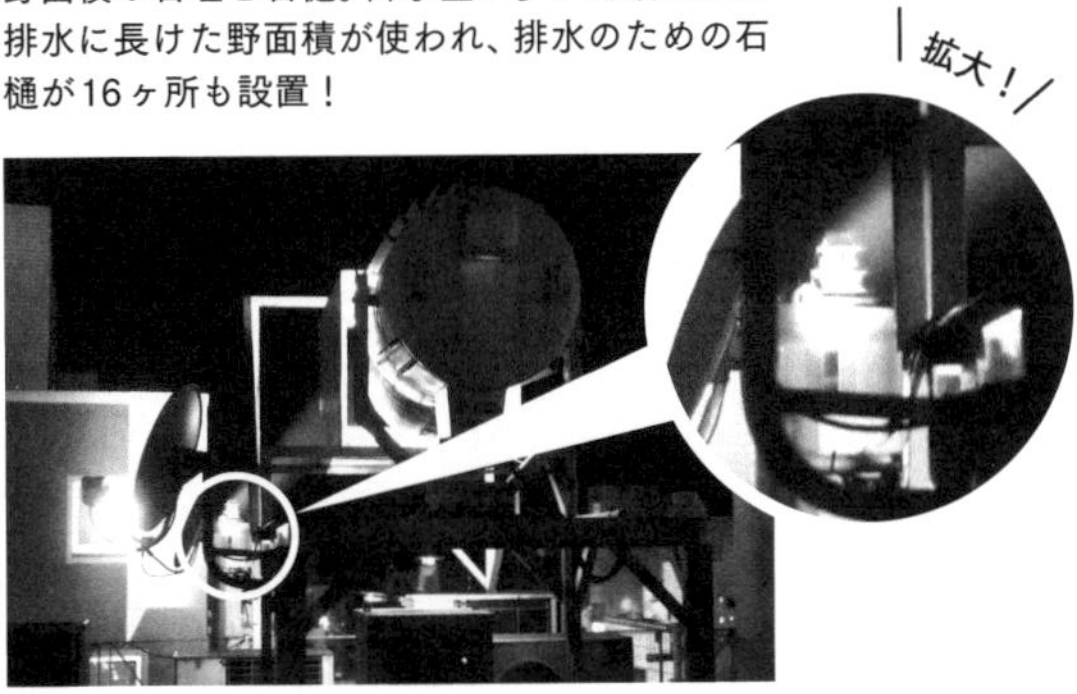

ピアノバー「赤い靴」からのライトアップ。私もお店を訪問、真近で見てきました

あとがき

最後までお読みいただき、ありがとうございます！

ヘンテコなお城めぐり、楽しんでいただけましたでしょうか。

お城めぐりをする前なんですが、個人的にチェックしているポイントが大きく分けて七つあります。それは**「歴史」「縄張り」「撮影スポット」「アクセス」「難易度」「所要時間」「近くのお城」**です。

関連書籍で調べるのはもちろん、インターネットのお城サイトも参考にしています。そこで、いつもお世話になっているサイトを、普段の感謝の気持ちを込めてご紹介させていただきます。

『城郭放浪記』　http://www.hb.pei.jp/shiro/

＊マップ上に「近くのお城」も記されているので、旅行プランを組む時にホントに助かる！

『余湖《よご》くんのホームページ』　http://yogokun.my.coocan.jp

＊多くの書籍に提供している手書きの「縄張り図」の数が半端《はんぱ》ない。登城の参考になる！

『攻城団』 https://kojodan.jp
*「見学時間」の目安が記されているので、スケジュールを組む時に非常にありがたい！
『城びと』 https://shirobito.jp
*お城業界で有名な先生方やライターさんの特集記事がめちゃくちゃ豊富！
『ニッポン城めぐり』 https://cmeg.jp/w/
*GPSを使ったスタンプラリーが楽しい。登城者の実体験口コミ情報が多いのも魅力！
『日本の城写真集』 http://castle.jpn.org
*四百五十城以上・一万七千六百枚以上の写真を収録。「撮影スポット」が一目瞭然！

以上です。ぜひご参照ください！
最後に、本書の出版にあたってご尽力いただいた編集の方やスタッフの皆さま、また、この本を手に取って読んでくださった読者の皆さま、さらにお城を築いた先人たち、それを研究し続けてきた研究者の皆さんに改めて感謝申し上げます。ありがとうございます！
そして、読者の皆さんと、どこかのお城で出会える日を楽しみにしております！

二〇一九年十二月

〝れきしクン〟こと　長谷川ヨシテル

◉主要参考文献

『日本城郭大系』第一～十八巻　別巻一、二　児玉幸多、坪井清足監修　平井聖、村井益男、村田修三編　新人物往来社
『国別 城郭・陣屋・要害台場事典』西ヶ谷恭弘編　東京堂出版
『定本 日本城郭事典』西ヶ谷恭弘編　秋田書店
『日本の城の基礎知識』井上宗和著　雄山閣
『定本 日本の城』井上宗和著　朝日新聞社
『日本城郭辞典』鳥羽正雄著　東京堂出版
『戦国の城』小和田哲男著　学研新書
『城のつくり方図典　改訂新版』三浦正幸著　小学館
『カラー図解 城の攻め方・つくり方』中井均監修、かみゆ歴史編集部編著　宝島社
『一度は行くべき行きにくい城』双葉社スーパームック
『わくわく城めぐり ビギナーも楽しめる〈城旅〉34』萩原さちこ著　山と渓谷社
『図解 戦国の城がいちばんよくわかる本』西股総生著　ベストセラーズ
『ビジュアル百科 日本の城1000城 1冊でまるわかり!』大野信長、有沢重雄、加唐亜紀著　西東社
『一生に一度は行きたい日本の名城100選』千田嘉博監修　TJMOOK
『ワイド&パノラマ 鳥瞰・復元イラスト 日本の城』香川元太郎著　学研プラス
『よくわかる日本の城 日本城郭検定公式参考書』小和田哲男監修　加藤理文著　学研プラス

ヘンテコ城《しろ》めぐり

2020年1月10日　第1刷発行

著者
長谷川《はせがわ》ヨシテル

発行者
富澤凡子

発行所
柏書房株式会社
東京都文京区本郷2-15-13（〒113-0033）
電話（03）3830-1891［営業］
（03）3830-1894［編集］

装画・本文イラスト
花くまゆうさく

装丁・本文デザイン
藤塚尚子

DTP
川野有佐

印刷
萩原印刷株式会社

製本
株式会社ブックアート

ISBN978-4-7601-5191-2

柏書房　長谷川ヨシテルの本

ポンコツ武将列伝

連戦連敗、敵前逃亡、からみ酒、
セクハラ、パワハラ……ダメだこりゃ。

英雄にはなれなかったけれど、
人間くさくて愛おしい、
トホホな〝サムライ〟たちの肖像！

四六判並製　256ページ
定価（本体1,400円＋税）

ヘッポコ征夷大将軍

知られざる鎌倉将軍、フラフラさまよう足利将軍、
意外にお人好しの徳川将軍……
天下人39人の素顔！

熱愛、流浪、辻斬り、料理男子、ひきこもり……
〝将軍様〟たちの残念＆ほっこりエピソード！

四六判並製　288ページ
定価（本体1,500円＋税）